できる上司の仕事はここが違う！

経営の現場に学ぶ
実践リーダーシップ

THE REAL WORK
OF LEADERS
A Report from the Front Lines
of Management
DONALD L. LAURIE

ドナルド・L・ローリー
小林 薫［訳］

早川書房

できる上司の仕事はここが違う！

——経営の現場に学ぶ実践リーダーシップ

THE REAL WORK OF LEADERS
A Report from the Front Lines of Management
by
Donald L. Laurie

Translated by
Kaoru Kobayashi
Originally published in the United States by
Perseus Publishing
First published 2001 in Japan by
Hayakawa Publishing, Inc.
This book is published in Japan by
arrangement with
Perseus Publishing
A Subsidiary of Perseus Books L. L. C.
through Tuttle-Mori Agency, Inc., Tokyo.

装画／米須清典
装幀／川畑博昭

私の人生に歓びを与えてくれる
美しいレイディーズ――
スージー、ミーガン、ローディ、
シャンタル、マデリン、イザベラ、
そしてハリソン・ドナルドに。

目次

第一部

リーダーの本当の時間は

第1章　リーダーは何をすべきか

経営幹部にアドバイスするという仕事の一環として、リーダーに対して、実際にはどんな仕事をしているのかと尋ねることがよくある。すると、まことにバラエティに富んだ、しかも、なるほどと心打つような答えが返ってくる。そこで、さらに別の質問も投げかけてみる。「もし、この四週間から六週間ほど、私がずっと随行していたとしたら、実際のあなたの仕事についてどういった、私はどういった結論を出すと思いますか。また、実際の仕事の優先順位付けはどう行なっていますか。組織の中でのあなたや主要経営幹部は、日々の時間をどのように使っていますか。また、そうした優先順位は、最初に述べたリーダーとしての仕事と果たして結び付いているのでしょうか」大方の予想通り、この場合の答えはまさに千差万別である。また多くの経営幹部は、自分のスケジュール表がリーダーとしての自分自身のイメージを十分裏付けるものだと力説する。そこで、予定が書かれたカレンダーを見せてほしいと頼んでみる。実のところここから、リーダーの本当の姿が浮かんでくるのだ。たいていの場合、そう望んでいないというのではないが、この一カ月間は何やかやで、口先では最重要事項だと言っていた事項に対して、ほとんど、いやまったくといってよいほど時間を使っていなかったことが暴露される。わざと無視しているわけではないのだが、頻発する危機的状況なるものが、しばしばそのカレンダーを支配して埋め尽くしてしまうのだ。緊急事態なるものは、その本質からして、予告なしにやって来るからだ。

世界最大のヘルス・ケア製品の企業であるジョンソン・エンド・ジョンソン（以下J&J）の会長兼CEOであるラルフ・S・ラーセンは、J&J製品に毒物が混入され死者を出した例のタイレノール事件の話をしてくれた。「その時はただちに、ほかのすべてをなげうって、この緊急事態に対処しなければならなかった」とラーセンは語ってくれた。

リーダーがどのようにいかにして時間を使っているかについて、こうした実像を突きつけると、いやあ先月は「普通の月ではなかったので」との言葉を必ず耳にする。このことに関しては、年に五二億ドルもの旅客と荷物を扱っていたスカンジナビア航空（以下SAS）の当時のCEO、ヤン・カールソンのコメントが、私としては気に入っている。カールソンが自分の仕事は戦略の設定だとして定義づけてくれたので、それにどのくらいの時間を先月は費やしたかを尋ねてみた。彼は少しの間考え込み、微笑みを浮かべながらこう言った。「うーん、僕が嘘つきだと言いたいんだね。今まさに述べたようなあるべきリーダーではないってことを」本当のところ、たいていのリーダーは、自分で語り、描き出したような、あるべきリーダー像と違うということなのである。つまり、真のリーダーシップを発揮すべき仕事には実際のところ従事していないのである。リーダーであることは生半可なことではないし、それはなにも今に始まったことではない。しかし今日では、かつてにも増して多くのリーダーが、成長と繁栄に向かって組織を導こうとするときに、次から次へと難問の山に直面せざるをえないのが実情なのだ。

本書は、リーダーがこうした問題に気付いてそれを正しく認識すること、そしてこうした理想と現実とのズレの問題を解決することの可能性と必要性を示すものである。ビジネスにおいては、リーダーとしてのマネジャーの主たる任務は、人間を動かし総動員すること、すなわち上役や部下や同僚や外部の人々をそれぞれがなすべき仕事に従事させることである。これは、その全員に、問題を定義づけて明確にし、詳細に検討し、解決することを要求する。問題を解決すること、さらに厳密に言うと、他人に問題を解決させることこそがリーダーの真の仕事である。問題を見極め、わかりやすく伝えることによって、リーダーは問題解決のために必要な資源をまとめるという最重要プロセスを何とか始動させることができるのである。

こんなことを言うと、問題解決に対して余りにも消極的だという批判を受けるだろうが、私はそうは思わない。問題に向き合うことが解決を導くことになるのだ。問題を避けることは消極的などころか、危険でもある。私の机の上には、「危機」という漢字の形をした真鍮の文鎮がある。しかし、漢字の〝クライシス〟の意味は、「危」と同時に「機」という二つの意味も併せ持つ言葉なのだ。言い換えるならば、全てのビジネスの問題やリスクは、同時にビジネスの機会をも含

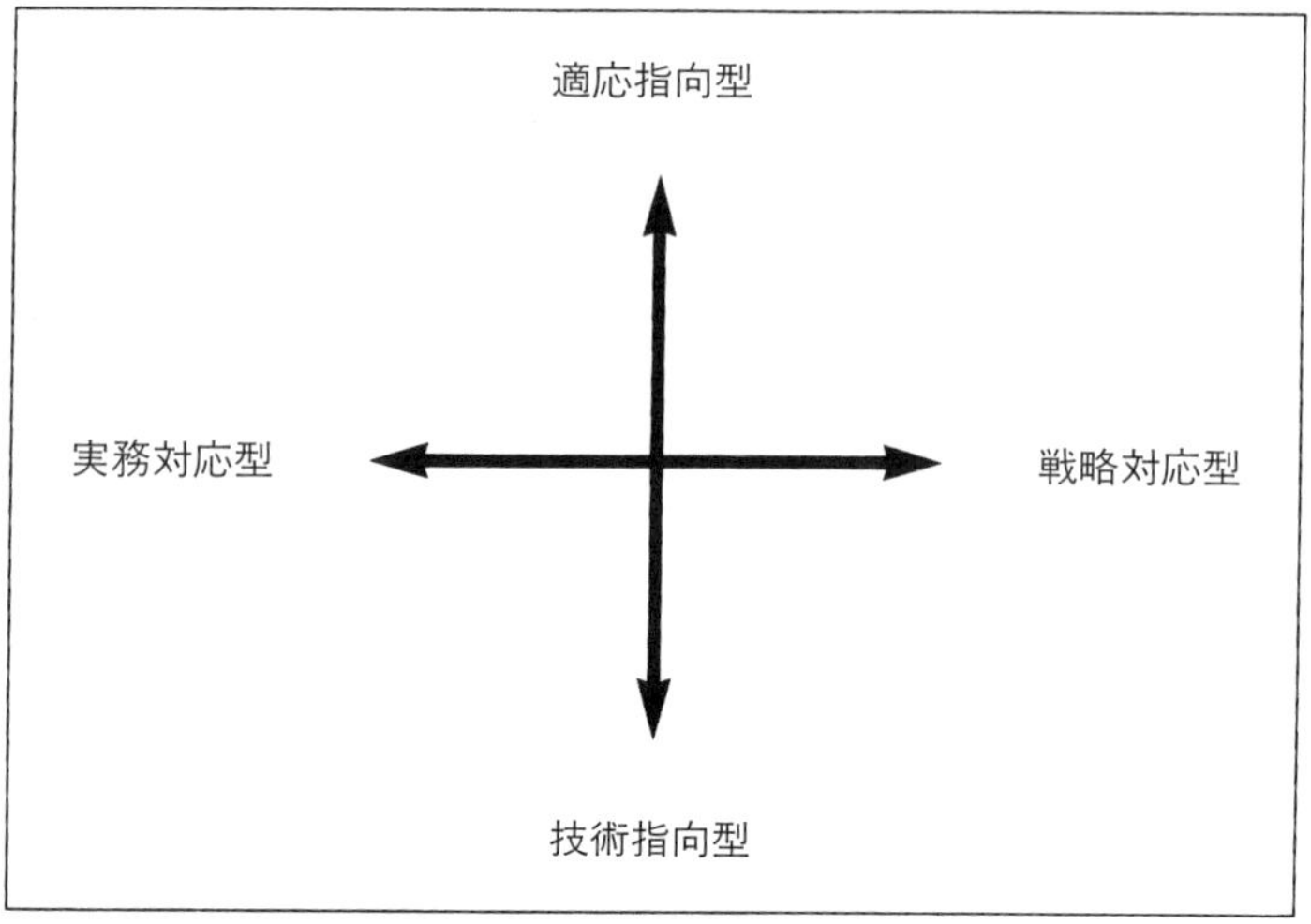

解決すべき問題

んでいるということなのである。インターネットがその好例となる。それはある面では、新しい競争相手があなたの会社を強襲し破壊するのを許すことになる。しかし同時にそれは、顧客や供給者との新しい関係を創造する機会、販売・流通コストを削減する機会、はては新ビジネスを発見する機会を増やすための、戦略的な窓を開くことにもなる。

本書はリーダーに対して、ビジネス上の問題に取り組むという職務をよりシンプルにし、スピードアップする方法を提案し、問題の中に内在するユニークな機会をとらえて活かすために、組織に準備態勢を整えさせることのお手伝いをするものである。私の案出するリーダーシップの枠組《フレームワーク》みは、効果的な解決策を必要としている、問題とそれに対する仕事の両方を包含しているものである。アメリカやヨーロッパの何十もの組織に対してアドバイスをすることによって得られた経験を反映したものであり、私がインタビューした多くの成功したリーダーの知恵を反映したものでもある。

この図の上半分は、問題（機会でもある）を、実務対応型《オペレーショナル》の問題か、戦略対応型《ストラテジック》問題かに区分するものである。下半分は、これらの問題に取り組むうえで要求される二種類の仕事、すなわち技術指向型《テクニカル》の仕事か、適応指向型《アダプティブ》の仕事か、からなる。解決は、技術指向型、適応指向型という二つの形でやってくる。この枠組みは、個々のビジネスやその他組織の状況に合わせて、より高度に細かくカテゴリー化する必要がある。つまりリーダーは個々の状況に合わせてそれぞれの解決策を調整しなければならない。しかし、私のこの分け方は、こうしたプロセスのための枠組みとしてもまず役に立とう。それでは、実際に存在する問題の種類を調べることから始めよう。

▼実務対応型の問題

ビジネスにおいて、実務の問題とは、目標を達成するためにつくられたシステムを妨げるもののことである。また、業務を運営する人々の業績を着実に漸増的に改善維持するリーダーの能力に対しても邪魔をする。

何百年も前のこと、アラスカのツンドラ地帯を歩き回っていたジャコウウシの群れは、飢えた狼の群れによってしばしば捕食され、とくに群れから切り離しやすい、子をはらんだ雌ウシや病気のウシが狙われた。ジャコウウシたちは効果的な防御策でこれに応じた。ウシの群れは、脅威となる敵の方を向いて、がっちりとした高密度の集団を組んで、一斉に角を向けたのだ。狼が群れに近づくときにはいつでも、ジャコウウシはこの防御法を実践し、それをくりかえして学習することで、ようやく狼を寄せつけなくなった。状況により実践方法の細部は異なるが（獲物を狙う狼の数や、襲撃を受ける時刻など）、その成果はいつも、受けた襲撃に対してどれだけ的確に対応できるか、すなわち、いかに巧みにそうした基本戦略を実行しえたかに依存していたのだ。ウシの群れにとっては、こうした狼撃退対策こそがいわば実務対応型の問題だったのだ。

なぜイーストマン・コダック社はその会長兼CEOのケイ・ホワイトモアを追い出したのか。当時、多くのアナリストは、会社をデジタル写真産業の主勢力に伸《の》し上げるための正しい戦略を採る能力に欠けていたからだと、彼を非難した。しかし実際には、コダックはホワイトモアが引き継ぐ前に、すでにデジタル・イメージングの会社に移行する計画を決定していたのだ。ホワイトモアの問題は、戦略対応型の問題ではなくて実は戦略を遂行するという実務的なものだったのだ。適したシステムをしかるべき場所に置かず、従業員を指揮し鼓舞してそのデジタル戦略の実践に従事させる方法をとることに失敗したのだ。そしてその後任のジョージ・M・C・フィッシャーもまた失敗してしまった。

フィッシャーは一九九三年に会長とCEOの職を引き受けたが、コダックのビジネスの再生にも成功しなかったし、デジタル・イメージングでの大手になるという会社の目標を実現することもできなかった。トップから降りることを発表した日のリポートの中でフィッシャーは、そろそろ交替にふさわしい時期だ、と述べている。アナリストたちは、彼がコスト削減を引き延ばしすぎたと言っていたが、私からすれば、カギとなる組織内部の運営をめぐる実務対応型の問題の解決に失敗したのだと言える。

▼戦略対応型の問題

ビジネスにおける戦略的な問題は不連続性・断続性という形――たとえばインターネットやグローバル化のような変化――をもって現われる。ルールを書き換えさせ、既存の競争方法などはあたかも死語となったサンスクリットであるかのように、すっかり陳腐化させてしまうのだ。

アラスカのジャコウウシは、飢えた狼といういわば実務対応型の問題を扱うことには長けていた。しかし、最初に槍で、後にはライフル銃で武装した人間の狩猟者の到来には、がっちりと身を寄せ合ってガードするという以前の防御法などは何の効果もなかった。狩猟者の術中に陥り、群れから切り離された一頭一頭は、槍と銃の無防備な的となってしまった。明らかに、ウシたちはいまや従前の戦略にささやかな調整を加えたり、あるいは戦略の遂行方法を変える程度では到底解決しえない全く異なる種類の問題に直面したのだ。戦略それ自体を変えねばならず、しかも劇的に変えねばならなかったのだ。かくしてジャコウウシは戦略対応型の問題にぶつかっていたのである。結局それに取り組むことができなかったジャコウウシは、狩猟者によってあっという間に一掃されてしまった。そして一九三〇年代にグリーンランドから輸入されるまでジャコウウシは北米大陸に再び姿を現わすことはなかった。何十年かして、中国の共産党首席の毛沢東がジャイアント・パンダのつがいを贈ってアメリカに友好親善の意思表示をしてきたときに、ジャコウウシの群れが都合よく復活していたので、アメリカ側はそのつがいを船で送ることによって返礼をすることができた。

不連続性は会社を創り出したり壊したりすることができ、その威力はまるまる産業全体にまで及ぶことさえもある。レコード産業がこの最近の適例である。カセットが古いLPレコードを消滅させたときに、まずその中核部分が揺さぶられた。また、そのカセットもCDの再挑戦を受けた。いまや、レコード産業への新しい脅威は、消費者がインターネットから音楽をダウンロードすることを可能にした技術、MP3である。

不連続性とは、マサチューセッツ州ボストンのデロイト&トゥーシュ・コンサルティング社のパートナーのマイケル・フラデッテが言うように、長期計画という概念そのものに対してすらあざけり笑うものである。現在、ビジネスをめぐる全ての兆候は、不連続性がこれからも存続し、増えることさえもあることを示している。「したがってわれわれはこれらの不連続性について考え、それをとことん利用できるように企業を再組織化し、並外れた優位性へと変える新しい方法を発見しなければならない」と主張する。競争相手が、流通や製造や顧客との関係《カスタマー・リレーション》や技術に影響を与える不連続性をつくりだしたときにも、戦略対応型の問題はまた生じてくるのだ。

同様に、一九八〇年代、アメリカ産業界の誇りであるＩＢＭも、格段大きな戦略対応型の問題に直面した。デル・コンピュータが、顧客への直接販売を行ない、顧客注文による組み立てと、あたかもレゴのブロックのような標準部品の一式が入った組み立てキットの販売をしはじめたからだ。これにより、デルはＩＢＭの商品の四〇％以下の値段でパソコンを売ることが可能になった。コンパックなど他の競争相手も、デルの革新的なアプローチを真似た。結果として、ＩＢＭのパソコン市場でのシェアは、ほぼ一夜にして四五・九％からわずか一四・二％にまで落ち込んだ。たとえいかに効率の良い方法を導入したとしても、ビッグ・ブルー（ＩＢＭのニックネーム。同社のロゴをはじめコンピュータなどの製品はもともとブルーを基調としていたことから）の販売業者や再販業者や小売業者のネットワークは、その新しい競争相手の価格と対決することは決してできなかったであろう。製品を市場に出す方法や、旧来のビジネスから脱却する方法を再考することが必要だったからだ。

ほぼ同時期、ＡＢＣ、ＮＢＣ、ＣＢＳのテレビ・ネットワークのトップは、進行中の人口動態革命への対応するのに失敗したことによって、ケーブル・ニュース・ネットワーク（ＣＮＮ）の登場という戦略対応型の問題に直面していることに遅れればせながら気が付いた。それは、大手ネットワーク同士がつまらぬ小競り合いに心を奪われている間に、テッド・ターナーが新しい人口革命に気付いたことによって引き起こされたものである。あえて付言するならば、テレビ・ネットワークとＩＢＭのこの二つのケースでは、経営者たちは決して除《の》け者にされたり、孤立したりしていたのではなくて、あまりにも愚かすぎて何が起こっているのかさえ理解できなかったがゆえに大問題が生じたのである。

ビジネス上の典型的な道筋で出くわす小競り合いや、藪火事を消すのに多くの時間が費やされるということは、特定の産業における構造的な変化を見い出したり、会社の将来のために抜本的なこのような変革の持つ意義を考えることには、ほとんど時間が使われないということを意味する。経営者が事の重大さにようやく気付くときには、大変深刻で複雑な状況を取り除くには遅すぎることになる。ネットワーク局がディナーの時間帯に、大衆に一時間のニュース番組を見させることに必死の努力をしている間に、ターナーは一連の人口統計上の変化を掘り下げてモノにしたのだった。その一つは共働きの家庭が、一九六〇年代以降、大幅に増えたという事実である。当時五五％近くのアメリカ人女性が職に就いていたが、これは一九四〇年代の二倍であり、その多くは夫とは異なる仕事のスケジュールを持っていた。毎晩六時にテレビの周りに家族が集まることに、アメリカは別れを告げたのだ。同時に、定年退職者の数が一九五〇年から一九八〇年の間に二倍にもなったのである。

ターナーは、これらの変化は昼間と深夜のテレビの視聴者の可能性を飛躍的に増やしていると見てとった。そこで二四時間ぶっ通しでニュース番組を提供することで、その視聴者のかなりの部分をとらえることができると考えた。いまや各ネットワークは巻き返しを図るべく、ジョージア州アトランタに本拠を置くＣＮＮを真似た自前のバージョンを開発して追いつこうとしているが、苦しい胸突き八丁の闘いに直面している。人口動態の変化という戦略型問題への対応に失敗したことで、優位をつかむ機会を逸したのだ。

そういうわけで、問題を実務対応型か戦略的対応型かに仕分けることが、ビジネス・リーダーとしてなすべきこうした問題を解決するプロセスの中での第一段階なのである。第二段階では、仕事を、適応指向型的に行なうべきか技術指向型処理で行なうべきか、あるいは、その両方を組み合わせるべきなのかを見極めなくてはならない。これによって、リーダーは問題の最高への解決策を発見できるのだ。

こうした枠組みづくりをする利点は、リーダーの世界をシンプルにしうることであり、マネジメントのあり方をめぐって乱立するレトリックや変革理論の中をくぐり抜けられることだ。これによって、リーダーの本当の仕事を、実務対応型か戦略対応型かという、二種類の問題に限られた領域の中で理解し、組織化することができる。解決策としても、技術指向型か適応指向型か、あるいはその両方の要素を適用すべきかがわかる。

▼技術指向型の仕事

技術指向型仕事というのは、定例反復処理を中心とするいわゆるルーティン・ワークである。そこでの変化とは現在の業務運営を調整することから生まれる。何をなす必要があるかが明白で、変化を創り出すための資源と能力が充分に手に入るときには、この技術仕事こそ適切な選択肢である。そこでは確実に実行することがカギとなる。たとえば、遅い生産時間のスピードアップを図るために最新式の工作機械に投資したり、低い生産性を向上させるために新しい工場を設立したりすることなどがそこには含まれる。また、競争相手の新製品に対する対応策を議論し決定するためにリポートを出させたり、会議を招集したりすることも技術指向型の例である。そんなことは退屈だって？　だが、こうした場合はそれが実際のリーダーの本当の仕事なのだ。

コネチカット州フェアフィールドにあるGE社の伝説的な会長兼CEOのジャック・ウェルチはつねに、どんな問題であれ、まさにいま目の前にある問題にしっかりと焦点を当てておくことを忘れない。会議では、どんな意思決定がなされたか、誰が決定事項の実行に責任を持つかのメモをとる。そしてフォローアップを怠らない。彼が部下に約束通り実行することを望んでいるのは明らかだ。

ニュージャージー州モリスタウンに本拠を置き、航空宇宙産業の部品、自動車部品、その他製品で年に一五〇億ドルを売り上げる製造業のハネウェル社において、アライド・シグナル社を吸収して以来会長であるローレンス・A・ボシディは、もし「いま自分たちがいる場所の明確なイメージと、どこを目指すかというビジョンと、そこに行き着くための方法、これらがわかっているのならば、唯一残る問題は、それを実行できるかどうかだけである。それこそ他のリーダーとの違いを生むものだ」と堅く信じている。

エッカード・ファイファーが、テキサス州ヒューストンに本拠を置くコンパックのCEOの地位を追われたとき、アナリストたちは、彼が新しい基本戦略を考え出すことに失敗したからだと非難した。しかし同社の会長のベンジャミン・ローゼンはそれとは違った説明をしている。その当時としての戦略は良かったが、しかしファイファーの実行力が弱かったのだ、と。「我々の計画は意思決定を迅速にし、会社をより効率よくするものである」とローゼンはリポーターに話している。換言すれば、ローゼンがリーダーに求めていたのは、リーダーシップのパンやバターとも言うべき基本的なことを取り扱うこと、つまりは成功裡に戦略を実行することだった。戦略を持っていないからといっても、会社は滅多なことでは破産したり消滅したりはしない。企業が倒れてしまうのは、その戦略を力強く実行できないからなのだ。フォード社のジェイムズ・オコナーも、かつてこう語っている。「実行とは、変化に適応するために違ったやり方をしなければならないことを部下が学ぶのを手伝うことである」

正しい戦略を生み出すことに、じつに多くの才能とエネルギーを投じている会社で、いざその実行段階になって選手がボールを落としてしまうのを、私は数多く見てきた。もし正しい解決策が効果的に実行されないのなら、そもそも最初からそんなものを引きずり出してくる必要はない。コンパックのローゼンは、所定の問題の数々を扱わなければならない技術的な仕事ができる人物、つまり、それぞれの課題に的確な人材を見つけ出し、彼らにそれを確実に行なわせ、会社の業績を改善し続ける人物を欲していたのだ。

技術指向型の仕事は多くの解決策のごく一部分であるが、技術指向型の仕事だけを単独で扱った多くの例は、一九六〇年代、一九七〇年代、一九八〇年代初期に遡るとよく見られる。当時の経営幹部は、計画、予算、指揮系統、その他ビジネス上の技術面に関連する問題に、みずからの経験と専門知識を活かしてうまく対処した。このような問題は組織内の個人やグループに調整を要求はしたが、飛躍への適応までは必要としなかった。

ここに技術指向型だけのアプローチの実際例がある。ある会社のリーダーは会社の製造部門を、サウス・カロライナから韓国へというように、低コスト地域に移ることを決めた。そのリーダーは、すでに三、四の他のアメリカ工場を閉鎖していて、いかにして従業員の首を効率良くかつ人道的に斬るかを熟知していたと同時に、他の極東地域の製造業者との交流や経験も十分あった。このケースでは、リーダーは部下よりも、仕事の進め方をよく心得ており、したがって技術指向型解決策を提供することができたのだ。

▼適応指向型の仕事

実務対応型の問題に対する解決策の場合にも、かなり頻繁に適応指向型の仕事が要求されることもあるが、戦略対応型の問題を解決するにあたっては、つねにそうである。このとき、必ずあれこれとトラブルをきたす。というのも適応指向型の仕事は技術指向型の仕事よりも、リーダーをも含む職場全体に対して、さらに多くのものを要求するからである。適応指向型の仕事は成功する会社の能力の中核に係わるものである。既存の価値観に競合する新しいアイデアと態度をしばしば要求するので、新しきものを学び、古きものを捨てることが求められる。そして、それはたいがい荒々しいプロセスなのだ。私のリーダーシップのフレームワークの要素の中でも最も複雑かつ困難な部分であるので、この適応指向型の仕事は本書の中でも一番多くの説明を要する。実際、第二部の主要な部分の解説もそこに置かれている。そこに含まれているいくつかのアイデアは、ミシガン州ホーランドに本拠を置くオフィス家具のトップメーカー、ホワース社を瞥見《べっけん》することから見つけられる。

ホワース社のリーダーは、会社が抜本的な活性化策を必要としていることを認め、同社を在庫を持たずにオフィス製品を注文生産するジャスト・イン・タイム組織に変貌させることに決めた。しかしながら、その目標を達成するには、経営のトップから平社員までの全従業員の考え方と価値観を抜本的に変革させることが不可欠であった。というのは、そこで要求される適応型変化は、これまで各人が心の深奥なところで抱いてきた信条やマネジメント上の習慣を根本から覆すものだからである。そこで一連の研究グループが設立され、全従業員がそのいずれかに加わった。ジャスト・イン・タイム方式の基本が教えられ、それは継続的な業績改善を重視するものであった。かなり困難ではあったが、徐々に社員たちは新しいスキルと態度を習得し、変革はなし遂げられた。しかも、社員を教育し、絶えず情報を与え続けることへの努力は、ホワース社の企業文化のひとつとして確固たる存在となった。研究グループは今やジャスト・イン・タイムに関する問題点だけに対処するにとどまらず、会社が直面している最新の戦略対応型問題をも取り扱うようになった。会社の問題の解決策を発見し、それを実践するために、リーダーは問題点を明確にし、組織の中にいる人々が、技術指向型、適応指向型、あるいはその二つが結合した仕事に従事するのを支援するような行動を起こさなければならない。

ここでは、リーダーの役割を医者にたとえることができよう。患者とその家族は解決策を求めて医者と相談し、医者は患者が望んでいること、すなわち、究極的な解決である回復に導くような診断と治療法を提供しようとする。このような取り合わせは、状況によってはうまくいく。たとえば伝染病の患者には、医者はたいてい完全な解決策を提供できる。「テトラサイクリン（抗生物質）を処方します。一日に四回服用してください。何か問題があればすぐに知らせてください」患者は良くなっていき、薬の副作用もなく、最低限の支払いで済み、医者に対して最高の感謝の念を覚える。医者は技術指向型の仕事をしたのだ。医者がその専門知識を駆使することによって、問題が明確にされ、それに対処する治療が行なわれ、患者は治癒する。処方された薬を服用することや正確に症状を述べることは別として、患者側には特段何も期待されていない。この場合、問題を見極めて解決することの全責任は、いつも医者にかかっているのだ。

だが、通常の場合には、医者と患者の両方による仕事が要求される。医者は問題を明確にすることができ、いくつかの治療法（それは若干の技術指向型の仕事の要素を含む）を引き受けることもできるが、しかし完全な治療をすることはできない。患者の方もそれなりの適応指向型の仕事をしなければならないのだ。たとえば、心臓病に苦しむ患者が健康を回復したいとする。医者は、自分にとっての技術指向型の仕事である診断をし、薬を処方し、時には三重のバイパス手術さえも行なうだろう。けれども、結局のところ、患者の健康は、食事を変える、禁煙する、運動や歩く時間を増やす、また場合によってはストレスの溜まりすぎる仕事を辞めるなど、ライフスタイルを変える意志を持てるか否かにかかっている。多くの患者にとって、そこでの選択肢は適応か死かのいずれかなのだ。

また、時として、医者の担当である技術指向型と適応指向型の仕事をいくらやっても治療につながらないこともある。問題の解決が、全部ではないとしても、その大部分がライフスタイルを変える責任を引き受ける患者の意志いかんにかかっている場合である。このカテゴリーに含まれる病気の例としては、アルコール依存症や、拒食症や過食症のような摂食障害などがあげられるが、決してこれに限られることはない。これらのケースにおいては、医者のメスや処方箋などほとんど役には立たない。医者は診断を下し、患者にそれを説明することはできる。しかし、回復するためには患者みずからが、必要な適応指向型の仕事という生活習慣の変革をしなければならないからだ。

このようなケースでの医者の仕事は、患者だけが唯一できる仕事を手伝うということかもしれない。医者のように、ビジネス・リーダーも、従業員側にも適応指向型の仕事を要求することになるような、多くの問題に直面する。これらの問題は厄介だ。そこには必然的に多数の人々が含まれるが、その多くはリーダーがいかに問題を見定めたかとか、またいかに取り扱っているかなどにはなかなか同意しない。組織内にいる経営幹部や中間管理職は、様々の異なった経験や見方を持ち込んでくる。すべての結果が異なるとなれば、自分らの責任とキャリアにも明瞭な影響を及ぼす。業界内での大規模な構造的変革、グローバルな競争相手の出現、急速な技術革新、それでいて時代遅れの組織構造とマネジメント・システムが頑固なまでに残っているといった状況の中では、まさに真の問題を明確化することこそが今日の最大の課題となっている。さらにそれに顧客が期待することの変化が加わるとなれば、技術的な専門知識だけで対処しうる問題はごくわずかであり、多くは適応指向型の仕事を要求する問題なのである。どのリーダーでも一人ではその全てをさばくことはできず、特に組織が態度と行動をガラリと変えるような再調整に耐えなければならないときはなおさらである。重いものを持ち上げるには、それによって最も直接に影響を受け、それに係わる人の手によらなければならない。

第二次世界大戦中のイギリスの首相ウィンストン・チャーチルはその最初の主要な声明の中で、こう宣言している。「私が捧げることができるのは、ただ血と労苦と涙と汗だけである」彼はそこでの仕事と、国家や国民が捧げるべき犠牲の中味を明らかにした。もっとも重要な点は、彼がイギリスの国民のために問題の枠組みを定めたことなのだ。演説を聞いたものはあえてそうした仕事をする勇気と意志を持ったのだろうか。自分たちだけができる仕事に責任感を持っただろうか。ＧＥ、フォード、ブリティッシュ・エアウェイズ、イギリスのＩＴプロバイダーのＩＣＬといった会社でビジネスの変革に成功したリーダーたちは、チャーチルと似たようなアプローチを採った。答えを与える代わりに、質問を投げかける。そしてその答えの中から、部下をより偉大な高みへと登らせる野心《アンビション》とも呼べるもの、すなわちビジョンを創り出す。この大目的であり、大望であるアンビションこそが望んでいるものなのである。戦略とは、いかにしてそれを実現させるかなのである。リーダーというのはこうした覇気を奮起させる存在なのだ。

覇気を出させることは、人々の働き方の根本的な変化を要求するような、最も難しいビジネス問題を解決する道のりの第一段階であり、命令統制型の経営者によって与えられる技術指向型の解決策はこうした状況の中では不適切である。高いところからの命令では、顧客のより大きな反応を得るために必要とされるスピード・アップ、柔軟性、相互支援、異機能間の信頼の確立はなし遂げられない。こうした解決策は、本来、組織の中にいる個人やグループが見つけ出すべきものなのである。

コーリン・マーシャル卿がブリティッシュ・エアウェイズ（以下ＢＡ）の経営を託されたとき、航空会社がその顧客の要望に応えるための唯一の方法は、顧客と従業員の関係、そして従業員同士の関係を変えることだと判断した。職能別の「タコツボ」や「サイロ」を壊さなければならず、社員は自分自身の責任領域の中でその権限を十二分に活用できなければならず、社員はお互いに信頼しあわなければならなかった。私がＢＡと共に働いた三年間、コーリン卿は全ての問題解決に向けての討論の中で、たえず顧客と現場の社員の立場をいわばみずから代表して議論していた。また一〇〇〇人のトップ・マネジャーを招集して、彼の描くビジョンと各部門と個人が果たすべき役割を理解させた。しかし現場の人々に職責を譲り渡すというコーリン卿の決定にも、残念ながら落とし穴があった。社員はせっかく与えられたその職責を必ずしも賢く使うことはなかったのである。一例を挙げれば、あるサッカー選手が、所属チームがスコットランドでの試合に行くためにチャーターしていたロンドン発の便に乗り遅れたとき、あるBAの一社員は新しく与えられた権限を使って、この遅刻者のために別の便を一機まるまるチャーターしたのだ。言うまでもなく、コーリン卿はこのような無謀な行動をする者を抑制しなければならなかった。

しかし、リーダーが適応指向型の仕事を無視したときは何が起こるのか。ジョージ・ブッシュがアメリカ大統領に選出されたとき、「ドラッグ戦争に勝利する」という選挙キャンペーン中の公約をただちに実行して、いいところを見せたがった。「麻薬撲滅大帝《ドラッグ・ツァー》」を任命することから始め、監視のための沿岸警備隊の予算を増やし、コロンビアのドラッグ王たちに宣戦布告し、密売の仲介役であるとしてパナマのマニュエル・ノリエガ将軍を逮捕した。しかし、その結果は？それから四年後、ドラッグ問題はかえって悪化していた。ジョージ・ブッシュの技術指向型の解決策は明らかに当初は合理的な答えに思えたが、失敗だった。その理由は、大統領とアドバイザーがドラッグ戦争の只中にあった学校や親たちや地域社会に働きかけなかったからだ。言い換えれば、責任の所在する場を無視し、問題が存在する根っこに取り組むことを怠ったからだ。

国内の家族や地域社会からの全身全霊を傾けた支援なしでは、こうした複雑な戦略対応型ともいえる大問題は解決できない。大統領と、その代理の専門知識などだけでは、公衆に適応指向型変化を要求するには足りなかったのだ。もし教会や学校や家庭が適応できないか、する気がないのならば、問題が解決されることはない。

反対に、成功した事例として、私の友人でもあり同僚でもある、ハーバード大学のケネディ政治学部のリーダーシップ教育計画の指導者、ロナルド・A・ハイフェッツは、ある化学工場の話をするのが好きである。その工場は、立地している地域の白血病発病率が並外れて高いことに責任があるとされた。しかし、工場は地域での主たる雇用主であり、住民がそこから得る賃金は町の存続に不可欠であったので、住民と会社の代理人は両者ともに納得できる技術指向型と適応指向型の解決を探すべく協力しあった。その結果、問題は正され、工場も町も生き延びたのである。

▼リーダーは何をなすべきか

私は、一緒に仕事をする経営者に対して、今日のビジネスとリーダーが直面している主な実務対応型の問題と戦略的対応が必要な問題のリストをつくるよう奨めている。これらの問題を模造紙やホワイトボード上で一覧表にしてもらう。それから、一つは「技術指向型」と分類されるもの、もう一つは「適応指向型」と分類されうるものとの二つの欄をつくるように頼む。各問題がいずれに該当するかを決めてもらう。九分九厘、問題の多くは適応指向型であり、特に機能横断的、あるいは業種横断的なものがかかわり合っているときはそうである。

　リストのトップの座を占めるものが多いのは何か。今日の価値は、製品やサービスなどではなくて、「顧客」によって決定されるので、ビジネスがそうした変化に適応しなければならないことを反映しているものが大半である。工業化時代の最初の一〇〇年間でのビジネス・リーダーの狙いは、今日、価値連鎖《バリュー・チェーン》と呼ばれるものの最初の段階を活かすことだった。この連鎖の繋がりには、原料、技術革新についての特許、教育や重労働によってもたらされた知識とスキルが含まれている。これらが多くの初期の会社のスタート地点となった。主として石炭、石油、鉄、繊維、鉄道により、ビジネスが構築され、富が形成された。産業革命が力を集積するにつれ、ビジネス・リーダーはその生産能力を活用し始めた。牛乳のような生活必需品を考えてみよう。かつて農家は牛乳を生産すると、瓶詰めして近所の顧客に直接配っていた。流通のシステムがより高度化すると、生産能力も増大し、酪農業者が現われた。人々はもはや直接農家から買うことはなくなり、むしろ酪農業者やその流通経路から買うようになった。

　次の段階では、製品とサービスの内容を大きく拡大し、より大きな付加価値を生むプレイヤーが登場した。それまでの乳製品は基本的には牛乳とクリームだけだったのが、今日の消費者は、一口に牛乳といっても、さまざまな脂肪やビタミンやカルシウム入りのものや、同じように栄養分の選択ができるヨーグルトやチーズやバターなどさまざまなものを選ぶことができる。スーパーマーケットの乳製品のコーナーには選択肢が溢れんばかりである。かくして生産者は、製品は数々の異なる方法で売ることができると気付くようになった。原料や生産能力だけからではこれ以上価値が得られないとなると、より説得力のある他の方法に目を向けなければならない。

塩に関しても、ここでの適例といえる。塩の価格は安いものから高いものまでさまざまだ。しかし塩は塩だ。粗さのほかの違いといえば、製品それ自体ではなく、むしろパッケージやブランドや広告などである。ビジネスの焦点は、特定ブランドの塩を選ぶ顧客との関係に移ったのだ。実際には、製品ではなくて、顧客が価値を生む推進者となっているのだ。

「ニッチを見つけろ」は、ビジネスに携わる人々の間では一般的なアドバイスとしてよく使われているが、これは医者が専門を持っているようなものである。けれども、だれもが専門化されたニッチの中に押し分けて進もうとしている今日、ビジネスにおける成功は、顧客との関係をどう活かすかの中に見い出される。ビジネス・リーダーはもはや製品それ自体が売れることをあてにしないで、顧客に訴えかけなくてはいけない。だから顧客に関する「問題」の複雑さは増していくばかりである。それでもなお、もし適切に顧客の面倒を見るならば、利益はリーダーの手中にある。そこで勝敗を分ける問いとは、「だれが、顧客というこの最も重要な資産を管理するのか」であり、その答えは、「第一線にいる現場の人々」である。

よく列挙される問題リストの中の他の項目を見てみよう。読者の皆さんはどれくらいあてはまるであろうか。

●市場は、各地域からグローバルへと展開している。ビジネス・ランチのときに、とある経営者は、サラダを注文することによってこうしたグローバル化を如実に示してくれた。そのサラダには、アルゼンチンのレタス、イタリアのトマト、カリフォルニアのアボカド、中国の栗、スペインのネギが入っていたのである。私はそれを「グローバル・サラダ」と呼ぶことにした。

●業界内の無情な競争にさらされ、同じ会社の一〇億ドルの事業部門同士が値下げ戦争をはじめてしまい、にっちもさっちも行かなくなってしまった。似たようないくつかの事業部門も、いつまでも同じ会社の一部分であることの意義に疑問を呈し始めている。

●破壊的な新技術によって、昨日までの競争概念を壊す新しいビジネス・モデルが発明されうる状態にある。

●顧客が、その製品に取って代るべきものについてより教育されて、欲しいものをすぐに手に入れたいと、以前よりもうるさく主張するようになった。

●しっかりと訓練された人材への需要が高まってきている。というのも、できる人たちが、市場での自身の価値についてだけでなく、自分には多くの選択肢があるということについても、よりよく知るようになったからである。

●今日すでに多くの企業が経験しているように、グローバル市場では、知識と能力を社内で共有することがより一層困難になってきている。血のつながりでさえ距離とともに弱まってしまい、軍事史が教えてくれるように、長すぎる延びきった連絡網は敗北をもたらす。

●大会社は、新しいビジネスを孵化させるのに必要な起業家的精神を失ってきている。

●ウォール・ストリートのアナリストの方が、会社自身の上層部よりもその会社についてよく知っている。

　このような数多くの難問に直面する中で、リーダーは目的を明確にし、戦略を策定し、資源を配分し、それぞれの要素を確実に効果的に融合させなければならない。しかし、このようにリーダーの役割を定義するときにも、新しい危険がつきまとう。それは権威や権力や権限《オーソリティ》や権限というものがリーダーシップを混乱させるとき、つまりひとつの組織のなかで二つの異なった役割を果たすときである。

　オーソリティとはまず特定の公式・非公式の肩書や地位に関連しているものである。たとえば、財務担当副社長という地位は、特定部門の活動を監督することや、特別プロジェクトを指導することや、ある種の人々が資本にアクセスするのを管理する面でのことにおける、権限をもった存在である。仕事を引き受け、それに伴う問題を解決するとき、人々はそのために地位と権限を与えられる。目の前の問題がはっきりしている普通の状況下では、こうしたアプローチは成功するといえよう。たとえば、充分な知識のある製造担当マネジャーが工作機械の操作員に、新しい部品の準備方法を説明する場合などはうまくいく。しかし近年増えてきているような、問題の本質が不明瞭で、構成要素によってはその価値や指導原理が違ってくるというような状況の中では、リーダーシップと権限とは別々のものであるべきだ。

リーダーシップの本当の仕事は簡単なものではない。というのも例の財務担当副社長の場合と違って、その輪郭を明確に描き出しえないからである。リーダーの立場や地位は、その人の「存在そのもの」のすべての側面から引き出されるのである。時には、リーダーの性格そのものが特定の領域の専門力と同じぐらいに重要になることもある。権限を有しているはずの人々が、しばしばリーダーシップを行使することを避けるために様々な巧妙な言動をするのも、特に驚くには当たらない。むしろ、こうした責任回避の行動はごく普通のものとして認められよう。権威と権限があるはずの人が失敗したとき、われわれはそれを「リーダーシップの危機」などと誤って呼び、権限ある人が出してくる見せかけの救済策や陽動作戦を非難してしまう。しかしこの時われわれもまた、部分的にとはいえ、間違いを犯しているのだ。権限を持つ人々（そしてそれに執着している人々）を促して、非現実的な約束をする「応急処置」を要求しているからである。そうした約束が反故になると、実はスケープゴートにしかすぎないリーダーに罪を着せ、新しい約束をしてくれる別の誰かを探す。これにも問題がある。権限のある人々が要求に応じて「応急処置」をするときには、自身と部下の両方のための緊急介入を必要とするような針路を設定することになる。そうした時に、嵐はよその連中を襲い、自分たちは無傷で逃げ出しうるかもしれないし、あるいはそうならないかもしれない。このように事は一筋縄ではいかないので、最近多くの

CEOが危機に到るまで問題を放置して腐らせたとして失脚するのを、私は数多く目にしている。

今日のリーダーシップに対しては、リーダーの権限の中に元々内在している期待を超越することが要求されているのだ。リーダーの本当の仕事は、型にはまった解決策を与えることではなくて、グループが問題に取り組めるようにその力を引き出すことである。モハンダス・ガンディが断食を決断をしたとき、彼はその時代の問題を解決しようとしたのではなくて、これらの問題の只中にある人々を渦中に取り込もうとしたのだ。断食は解決策ではなかった。断食は、人々に対してその運命により大きな責任感をもたせるために疑問を投げかけ、問題解決に参画させ、士気を鼓舞させるための手段だったのだ。換言すれば、それはまさにリーダーシップ行動だったのだ。

次の章では……

こうした私の考え方は、伝統的なマネジメントの考え方の根本原理のいくつかに対して挑戦しているものだということを、あらかじめ警告しておくべきだろう。たとえば、職場の人々の心の中に蓄えられている、潜在的にはより適切で強力な解決策を無視し、リーダーが自分にはすべての問題を解決する権利があると主張することにより、自分自身はおろか会社の未来をも破壊しようることもあえて示す。

軋轢を見て見ぬふりをしたり隠したりする代わりに、対立の渦中にある人々を討議の場に引きずり出し、問題を協働して克服するよう促すことを、私はリーダーに奨めている。リーダーは目に見える数字やデータにばかりとらわれないで、見えにくい価値観にも目配りをしなければならない。リーダーの本当の仕事は、すべての従業員を変化に適応させ、組織が直面している問題の解決に彼らを参画させる状態を創り出すことにある。私はそのために必要なリーダーシップの七つの本質的な行動を以下系統立てて説明することにする。

第一の行動は、リーダーは遠くまで広く瞰望のきく展望台《バルコニー》に出よということである。日々の定例反復的な仕事からしばし立ち去ることにより、全体としての会社の現実を見ることができるようにせよ。

第二に、組織内の全員に対して、そこから見える現実の姿を伝えよということ。

第三に、個人主義対チームワークというような、競合する価値観を明らかにすることである。しかし、いずれが良い悪いではなくて、手もとの課題に対してどちらが不適であるかを見極めるためである。

第四に、もしリーダーのそのアンビションを達成するのに必要であると考えるのならば、価値観の変化をも唱導すること。

第五に、何も要求しなかったり、安易な同意を求めたりするよりは、対話や討論を大いに奨励すること。

第六に、単に悩みを取り除いて楽をさせるよりは、むしろ悩みを受けとめてそれを調整すること。

　第七は、ただ一人だけが解決できる問題、言い換えれば、個人的な業績に関連してくるような問題では、各人にそれを解決する責任を引き受けさせよということである。

　これらのリーダーシップ行動のすべては、この後の各章の中で議論され、会社の実例や歴史にもとづいて説明することにしている。しかし、その前に、世界でも最も尊敬されている組織のリーダーが技術指向型と適応指向型の両方の解決を適用することによって、正面から戦略対応型の問題に対処している様子を見てみよう。こうした実例の研究によって、本書で用いている私の各種の用語の使い方や概念が今日のビジネスの場にどれだけ適合しているかがよくわかり、目を開かれることになろう。

第2章　リーダーはどのように仕事をすべきか

　数年前のこと、チェース・マンハッタン銀行の副会長のドナルド・L・ブードローは、マイクロソフト社の会長兼CEOのビル・ゲイツに会うために、他の銀行経営者たちとともに招かれていた。広範にわたる討論が進行していくうちに、ゲイツは客人たちに、マイクロソフトはあなたがたの会社と競合するつもりはない、と知らせるのにかなり骨を折った。ブードローによれば、「心配なさらないでください。われわれは別に銀行になどなりたくはありませんから」とゲイツは言ったという。チェースも「われわれだっていわゆる銀行になどなりたくはありません」と、ややあてつけがましい返答をしたが、ブードローはその前にあらかじめ同社の中心にあって新しい指針となる原理を示していた。この原理とは、まさに単純明解そのもので、ビジョンであり、会社が努力してこうなりたいと思う将来像である。

　チェース・マンハッタン銀行は、ブードローの言葉では、「欲しいときには、いつでも、どこでも手に入れられる、総合的な金融のソリューション」を消費者に提供するつもりであるという。別の言い方をすると、会社としてのビジョンは、すべての人々のあらゆる金融に関する要求に応じるというものであり、これはかなりの高望みである。それは、たとえば、マイクロソフトのような、銀行業界の外側にある巨大会社との競争をも意味するのだ。チェースは一〇年前から、新しい競争関係、拡大する顧客の期待、ITの力という三つの連動した現象からなる大きな破壊力を秘めた戦略対応型問題に直面している。そしてその指導者たちはこのフルサービスの金融サービスの展開という考え方に全力を挙げて取り組んでいるのだ。

チェース・マンハッタン銀行が直面した苦境を細部にわたり説明し、最終的にそれをどう解決したかを議論する前に、この問題そのものと、それに取り組もうと企図することの大きさは、同社のビジネスを全面的に変容させるほどのものだったことを説明しておきたい。それはどこのビジネス・リーダーにも絶えずつきまとう、まさに全人生を変えてしまう会社のジレンマという魔物だ。たとえば、ニュージャージー州のモリス・プレインズにあるワーナー・ランバート社のある事業部長のモーガン・モートンはかつて私にこう言ったことがある。「夜ごと、私を寝かせてくれないのは、誰かがやってきて私のビジネスを徹底的に作り直してしまわないか、という問いである」確かに、多くの眠れぬ夜を、チャールズ・R・シュワブ（その名を冠した会社によって金融サービス業を作り直した）、スティーブン・M・ケース（アメリカ・オンラインによって情報サービス業を作り直した）、ジェフリー・P・ベゾス（アマゾン・ドット・コム社によって書売業を作り直した）、トーマス・G・ステムバーグ（ステイプル社によってオフィス用品販売業を作り直した）のような人たちのせいにすることもできるだろう。これらのビジネスマンは、現在とは全く異なる未来を構想して招来させたのだ。彼らはその未来構想の中で、新しく現われつつある顧客ニーズを賢明にも見抜き、それを満たすべく企画して歩み出したのだが、その試みの多くは伝統的な競争相手を周章狼狽させるものだった。

個人的生活の中では、わたしたちは皆、戦略的対応を要する問題の持つ潜在的な力については馴染みが深い。今までの生活習慣に挑戦を迫る何か本当に巨大なものが、まさに起ころうとしていることを嗅ぎ取っている。それは間違ってはいない。それは今の会社を去り、新しく設立された会社に加わる絶好の機会かもしれない。それは大規模なダウンサイジングの最初の予兆かもしれないし、また結婚相手となる人との最初の出会いでさえあるかもしれない。

チェース・マンハッタンの事例では、競争、顧客、技術の三つからなる戦略対応型問題が、会社のリーダーに対してそれへの解決策を発見するために、技術指向と適応指向の両面の仕事に着手するように仕向けた。技術指向からの見通しからは、会社として、その情報技術をアップグレードすることが必須だということがわかった。予期しないいろいろな場での競争と、顧客のより高度の製品やサービスへの要求には、最先端のＩＴシステムを活用するのでなければ到底太刀打ちできないことがわかった。こうして、より高度な技術力が、全ての顧客と社員のために据えられたのである。

ブードローは最近のスピーチの中でも、これまでの同社における新規顧客の獲得と既存顧客への販売のやり方は、「あたかも何百万というダイレクト・メールや支店内に置いてあるパンフレットを壁に向かって一斉にエイッヤッと投げつけて一枚でもくっつけばと願っているに等しい」と語り、到底方法論などと呼べるものでないと言っていた。しかし、新しいＩＴシステムは、消費者が会社に対して行なった個々の取引についての全データを蓄積して「覚えて」いるので、消費者が特定の製品やサービスを買うかどうか、買うとすればいつ買うかなどの予想を可能にする。また新技術によって、消費者が競争相手に鞍替えするかどうか、仮にそうならば、どれくらいの価格ならそれを食い止められるか、などを銀行が評価することもできる。

重要なのは、このような情報や分析をワークステーションにいる営業担当者が即座に利用できることである。顧客が銀行に電話をかけたとき、その全取引履歴が営業担当者のコンピュータ画面に自動的に現われる。同社での顧客の格付けはもちろん、製品やサービスに関する顧客の好みや、通常のアクセスのしかたまで、営業担当者はすぐに利用することができ、さらにローンや、商品のアップグレードや、ときには競合先からの提案に関してもその場で意思決定をすることができる。

技術的には高度情報システムという解決策によって、社員はその指先で豊富な顧客データを活用できるようになったが、その新しい価値の全てを十分に理解するには、チェースの営業担当者が新しい方法でいかに顧客と対話するかを学ぶ必要があった。この適応化への必要性は、企業における文化、顧客に対する基本的態度、そして顧客との関係を変化させる。チェースの社員は、出納係、融資担当、フィナンシャル・プランナーも含めて、顧客との古い接し方を捨て、また新しい対応法を学ばなくてはならなかった。こうした重要な変化は、会社の能力と資源を再評価しなければならないリーダーに対して次のようないくつかの困難な問題を投げかける。社員たちは作業習慣を変えられるか。社員のうちの何人かを辞めさせる必要があるか。何を学び何を捨てるべきか。またトップとしてどのようにこれらの変化の遂行を助けていけばよいか……。

ブードローによれば、チェースの新しい文化は次のことを要求するという。「テクノロジーは全員の仕事である。何人かの経営幹部は今なお、ギガバイトや多重並列プロセッサなどについて話せば煙にまかれた気がするかもしれない。しかし成功する人間は、テクノロジーが顧客と事業業績の向上に貢献することを理解し、絶えずそのことについてさらなる学習を重ねてゆくのだ」新技術導入の主な効果の一例として、同社の営業担当者はもはや顧客本人が支店に融資の相談にやってくるのを受動的に待っていなくてもよくなったという事実があげられる。顧客に手を貸すための全く新しい手法を学んでいるスタッフは、いまや情報で身を固め、どの製品やサービスが特定の消費者のビジネスや個人生活の中のどの段階で役に立つかを予測している。このように能動的な役割を引き受け、その顧客のニーズを予測することによって、営業担当者は個別的できめ細かい情報を携え、顧客との接触をみずから主体性をもって始め、かつそれを顧客の好む方法で行なえるようになった。

今日、たいていの銀行の取引は現金自動預払機（ATM）や電話やインターネットなどによって行なわれている。チェース・マンハッタンの二五〇〇万人いる顧客のうち、わずか三〇〇万人だけが、各支店と個人的な関係を持っている。リテール・ローン・ビジネスの約四〇％がローン担当者のラップトップ・コンピュータから始まり、その取引が行なわれる場所は、チェース・マンハッタンの社員のいる支店ではなくて顧客の事務所や家なのである。チェース・マンハッタンのこうした経験は、問題解決をめぐる技術指向型・適応指向型のそれぞれの要素や、最先端技術や、顧客との新しい関係づけの仕方が、いかに戦略的に対応すべき問題を解決するためにともに作用しているかを説明する好例である。その結果、すべての人々のあらゆる金融上の相談にのる、というチェース・マンハッタンの大目的《アンビション》を成功裡に実現しているのである。

チェース・マンハッタンのリーダーの役割は、これまで私が述べてきたように技術指向型・適応指向型のそれぞれによる戦略を基礎を置いて枠組みをつくり、それに対応する解決策が有効に作動するように問題を集約化し、概念化することにあった。ここで非常に重要なのは、そこでのリーダーの役割の中には、リーダーが働いている時間の大部分をとかく無駄にしがちな現実の細々したこととの関わり合いは一切含まれてはいないという点である。多くのリーダーは、みずからが問題解決の全ての面に携わらなくてはならないなどと感じているがために、その主たる任務――なすべきことを定め、目標を決め、それを達成するのに相応しい人物を探し、組織内の適切な人々に責任を委譲すること――を見失いがちである。

ヤン・カールソンもかつてこう書いている。「リーダーは全てを知っていて、全ての意思決定を行なえるというので任命されるのではない。利用しうる知識を集め、それを行なうための必要条件を創造するために任じられるのである。日々の業務遂行責任の委譲を可能にするシステムを創造するべきなのだ」リーダーの本当の仕事は、問題を見極め、その枠組みをつくり、解決策を思いつくことのできる人々に説明し、そして組織内の全員にその解決策を売り込んで納得させることなのだ。

後の各章で検討するように、リーダーは、いま会社がその歴史の中で置かれている状況を集約し概念化して説明することによって、部下が現在の課題を理解するのを手伝わなければならない。加えて、たとえ、最初はそこに潜在している全ての可能性には気づかずとも、組織としてのできる限りたくさんの選択肢を示さなければならない。

効果的な解決のために技術指向的要素と適応指向的要素が相互に作用することは、チェース・マンハッタンの事例で見てきたように、さして珍しいことではない。たとえば生産効率を上げるために新しい工場を建てるという技術的な新構想を案出したが、その後になって、新工場が企業の文化の面でも機能の面でも適応指向型の仕事をしなければならないとリーダーが悟るようなことはよくある。以下、とりわけ世界中に多くのオペレーティング・カンパニー（J&Jの傘下にあって各事業部門を担当している会社）を持つヘルス・ケア製品の製造業者である、ジョンソン・エンド・ジョンソンの例によって、いかにリーダーシップの枠組みをなす要素が構成されるかを見ることにしよう。そこでの重点は、解決策における適応指向型要素に置かれることになる。というのも、おそらくこの面はリーダーにとって最も大きな障害となりうるからである。それは部下に行動の変化を強いることにほかならないのだ。

グローバル化、従来の境界線を越えての競争、そして頻発する企業の大型吸収合併など、経済状況の激変に鑑みて、多くのビジネス・リーダーは最近その業務運営の再構築を図っている。企業を分別し、階層を少なくし、ダウンサイジングを行なっている。全社的品質経営（TQM）や時間短縮化を主眼とするタイム・ベース・マネジメントや顧客満足に新しい焦点を置くことなどを通じて、プロセス・リエンジニアリング（業務処理過程の再編成）を行なっている。

これらの新しい施策のいくつかは短期的には利益を生みだしてはいるものの、ほとんどのリーダーは長期的な戦略的と業務遂行上の業務面の問題に対処するために必須である社内変革を遂行していない。新たな敵に遭遇したときに、その旧来の防御戦略を変化させることができなかったジャコウウシのように、あまりにも多くのリーダーが、今日の現実を反映していない価値体系に基づく時代遅れの文化の中で働いているのだ。この本のいたるところで私が用いる「文化《カルチャー》」という言葉は、会社の社員が共有している一連の理想、態度、価値、理解を意味するものである。多くのビジネス・リーダーが見逃してはいるが、どの成功している組織にも欠けていない要素は、効果的な集団行動をとる能力である。チームワークというのは、ただのスローガンではなく、必要不可欠なものなのだ。そして文化は、チームワークという集団行動をとれるか否かを決定するのである。

　ビジネス・グループについて語るとき、ボストン交響楽団の指揮者のベンジャミン・ザンダーは、よくリーダーの役割について論ずる。まず、自分がオーケストラで唯一、音をたてないミュージシャンであることを指摘する。その業績は他のミュージシャン、つまり演奏者にいかに力を発揮させるかによって判断される。そして、こうつけ加える。「〔指揮するということは〕演奏者を圧倒したり影響を及ぼしたりすることではなくて、各人の演奏能力を解き放つことにあると気付いたとき、楽団は大きく変わりました。指揮者はときに演奏者のエネルギーの静かなる解放者なのです」

　これは、ビジネスにおいても同じであり、適応指向型の努力をするリーダーは促進者や進行役でなくてはならない。だが、今日のビジネスは、ザンダーが指揮をする交響楽団というよりもジャズ・コンボのようなものである。演奏者は絶えず即興演奏をしなくてはならない。最良のリーダーはジャム・セッションのあいだに、しばしば最高に熱く最高に際立った音が生まれるのを感じる。それにもかかわらず、共通の目標に向けての各個人の自己投入が要求されている。その目標を達成するためにはリーダーは、組織の各成員があれこれ工夫するように仕向けなければならないし、もし必要ならば、集団行動の能力を引き出すように成員たちの価値観までも変えなければならないのだ。

　ヒューレット・パッカード社（以下ＨＰ）会長のルイス・Ｅ・プラットにリーダーとしての役

割を尋ねたとき、「他の人々が正しい答えを見出すのに成功するような素晴らしい環境を創造すること」にもっとも重点を置いていると力説していた。自分の主たる責務は「多様なもの」だと述べ、その中には次のようなものが含まれていると語ってくれた。「望ましい環境をつくり、維持し、進めていく。……〔HPでは〕これは文化による管理と呼ばれています。その点では極めて日本的かもしれません。そしてそうした文化は、五〇年代以来のわが社にある大変強い価値観によるものなのです。目に見えない形で存在してきただけではなくて……書き出され、声に出され、議論され、私たちは毎日それとともに生きてきたのです」会社が成長するにつれて修正されるような目標とは違って、この「時間を超越した」価値観は、ここ五〇年の間に変えられることがなかった。HPの成功を決定づけたものは、「価値観を理解する人々のいる環境と、それによって生きようとすること」を創り出すのに注ぎ込んだ努力なのである。プラットは、もしリーダーが「その環境をつくることができ、現実にそれがうまく働くようにできたならば、そして単なる口先だけにならずに……一枚の文書にまとめられるならば、たくさんのルールや規則や方針などはなくても、とても高いエネルギーに溢れた会社を作ることができる」と信じている。そのマネジメント・スタイルと業務プロセスが、文化の概念とその最も重要な要素である価値観によって動かされている、もう一つの成功している会社の例として、小売業のノードストローム社があげられる。

現状に挑戦するには、解決への適応化努力の部分が、そもそも本質的に学習することと同時に、古いものを捨てることを必要としているので、変化のいかなるプロセスにおいても、ある種の不快感を避けることはできない。仲良しで馬が合う組織文化は生産的かもしれないが、新適応へのイニシアティブをとるリーダーは、意見の一致をみることだけに係わっているわけではない。その仕事は、全体として問題の枠組みを構築することであり、たとえそれぞれの社員がほかの人間と意見を異にしていても、それはアイデアや感情を気楽に表明できると感じる場での活発な議論という環境の中で行なわれるものなのである。この時問題が生じても他の人を頼ることができるという感覚をもって、働く人々がお互いに信頼し合うことが肝要なのである。適応指向型の仕事をするリーダーは、行き違っている意見の開陳を部下たちに促す。意見の食い違いについて話し合うためには、それらを隠したり、あたかも存在しないふりをしたりするよりは、むしろ、関係者を招いて率直に話をさせるのだ。

後の第8章で述べるように、最終的な解決策に到達するためにグループが真に腹を決めることができるか否かは、対照をなし競合するような見方をとことん相互に突きとめられるような開かれた環境の存在いかんに依存している。それぞれの言い分の基盤をなす論理が明らかにされてはじめて、関係者たちはそれぞれの競合する見解の中に内在する価値ある知識と経験を真に理解し、利用することができるのだ。解決のために適応化を進めるプロセスにおいて、リーダーは答えを自分で出したいという誘惑に抗わなくてはならない。問題をまとめ、概念化した後は、部下が最高の仕事をしてくれるように、励ますべきなのである。集団学習の精神の中で知識を共有するには、否定的な意見にもよく耳を傾け、立ち止まる能力が要求されるが、それこそが問題解決のための最も重要な決断を導き出すのである。

ラーセンによるジョンソン・エンド・ジョンソンの改革

適応指向型のリーダーシップのとても素晴らしい例を、ラルフ・ラーセンがニュージャージー州のニュー・ブランズウィックに本拠を置き二八〇億ドルを売り上げるヘルス・ケアの巨人、J&Jの実権を握ったときに見事に示してくれた。一九八九年という年は、何社かの新しい競争相手がヘルス・ケア産業に好機ありと認めて参入しはじめたときだった。加えて、世界中のヘルス・ケアのコストが分刻みで増えつつあり、そんな状況は、当然ラーセンも熟知していたが、いつまでも放っておくわけにはいかなかった。眠れる巨人になることを避ける決意をし、ラーセンは競争激化という現実への適応に同社が挑戦することを、みずからのビジネスとして最初の、そして至上の課題としたのだった。

指揮権の交替は一九八九年四月の株主総会の際に行なわれた。CEOとしての最初の演説の中で、ラーセンはJ&Jの過去の実績を賞賛はしたが、時を移さず、同時に社が自己満足に陥らないようにすることが必要であることを説いた。J&Jでラーセンが見たものは特異な企業病などではなかった。ものすごく成功し、高い利益を上げる会社はしばしば自身の成功の犠牲となる。最も優秀で最も頭のいいスタッフを抱えた中で、トップにいることに慣れると、何をしても誤ることはないと信じ始める。実際は、競争が激化したり不連続的変化が現われたりするときに、このような会社をひどく脆弱にするのは、まさにこうした自己陶酔によるナルシシズムである。ラーセンは、過去の栄光に起因する自己満足と自己陶酔がJ＆Jの未来の息の根を止めてしまうのを防ぐ決意をし、組織のさらなる成長に焦点を絞ることにした。

他のどのフォーチュン五〇〇の会社とも違い、J＆Jは、世界五一カ国にまたがり、最近のデータだと一九〇社というびっくりするほど多くのカンパニーを通じてその事業を行なっている。その様々なカンパニーの運営をするマネジャーは、これまで「担当する自分の会社の王様」と呼ばれてきたように、相当な自治権を有している。この独特の分権構造は、J＆Jでは明らかにこれまでうまく作用していたために、ラーセンがさらなる成長を指示するに当たっては、かえって想像を絶する障害となった。パートナーとして相互依存しながらも、より大きな社内競争をする必要があった。「分権を守りそれを大事にしたかったんだ」と、ラーセンは後に、ニュー・ブランズウィックのオフィスで話してくれた。

白髪と、大きな体軀と、柔らかな物腰のラーセンからは、力強さと自信が滲み出ている。分権化について、ラーセンはこう続ける。「分権化は所有感覚と、自由と、自力で進む能力を与えてくれる。とはいえ、私たちはより大きな会社の中にいることの強味を見つけうるリーダーを必要としていた。……もしビジネスの別の部分にいる仲間を助けることができるならば、またそうした助けを受け入れることができるならば、出かけて行ってでもそうすべきなのである」こうした二重の目的をいかに成し遂げるかが、要となった。次にくるのが、世界中のＪ＆Ｊ社の傘下に集う九万人以上の人々の学習と脱学習の注目すべき歩みである。

　トップとしての自分白身の疑問を素早く伝え、こうした新構想への展開の広範にわたる組織的支持を取りつけるために、ラーセンは一連の経営会議を新たに設け、全部で七〇〇人の上級経営幹部を集めた。世界各地で別々にＪ＆Ｊの業務を担っている経営幹部は、これまで全社的な問題に係わることはほとんどなかった。これまではこれらのマネジャーが自身の担当事業の経営をしっかりこなしていれば、Ｊ＆Ｊ全体のことは放っておいても大丈夫だと思われてきた。しかし今度は全社的な問題を分析し、会社の強味と弱味をその隅々にいたるまで描き出さなければならなかった。またマネジャーは、業績測定においても、Ｊ＆Ｊがほかの二〇社ほどの医薬品と消費財の面での競合会社との関係において、一体どういう位置に立っているかを指摘する数字を示されたのだ。その数字は驚くべきものであった。経営幹部たちは初めてＪ＆Ｊが大方の重要な測定指標において、競争相手に水を開けられていることを知った。

　この難問に対処するうえでの数多くの問題点と提案が、一八〜二四カ月にもわたった第一次の経営会議の中から出てきた。問題点の多くは経営委員会に差し戻された。Ｊ＆Ｊが深刻な状況に直面していることを確かめた幹部たちは、諸問題の解決のために必要な手を打たなくてはならなかった。さらにヘルス・ケアの改革を図ろうとするクリントン政権の動きも、会社に一層の切迫感を加えた。

Ｊ＆Ｊの次のステップは、組織を「成長会社」に変えるというラーセンの悲願を実現するための戦略をまとめ上げることであった。経営委員会との戦術会議では、Ｊ＆Ｊのこれまでの分権的な文化を破壊しないで済ませるような考え方は軌道修正した。また、委員会では業績を改善するための情報のよりよい収集プロセスが必要であることにも意見が一致した。最も重要なことは、ラーセンとそのチームが、個々の事業業務部門ベースでは問題を解決できないことを認めたことだった。そこで第二回経営会議が催され、それができる人たちに仕事を任せたのだった。

このとき、七〇〇人のマネジャーが、Ｊ＆Ｊの未来を明確にし新しい構想を生むことに動員された。たとえば次のような案件が託された。企業全体としてＪ＆Ｊが向かうべきところはどこか。その焦点はどこに合わせるべきか。どの事業がそこにかかわるべきか。そのために現在存在する機会は何か。平均より高いコスト構造にどのように対処すべきか。これによって各事業会社を「正しい場に戻せた」と、ラーセンは説明する。「諸君がもしタイやシンガポールやマレーシアで社長をしているのならば、〈会社全体の〉われわれの未来は諸君の手の中に握られている。これこそ諸君の事業なのだ」とリーダーたちに語った。「目的は適応力の強い組織をつくりあげることだ。みずからを他と比較し、未来についてどんな変化が必要かを理解し、今後、組織を変えていく方法を選び抜くのだ」とラーセンは加えた。経営委員会の会議や一連の組織の垣根を越えた会議を通して、相当多くのコミュニケーションが促進され、社外の人間からも広く意見を求めた。

ラーセンの構想を推し進めるために、コミュニケーション会議は人々に「競争優位性」を検討するよう指導した。同時に、これらの会議では品質向上のプロセスも一新させた。それは各カンパニーの中で五年前から始められていたが、会社全体の目標としては定められていなかった。会社の最上層部が品質管理という言葉を正式に採択することによって、ラーセンは全組織が本気で新構想を推進すべきことを各カンパニーに伝えたのだった。

こうした全社的な本格的取組みは、ラーセンの、品質を伴う成長努力の要でもある「ＳＯＱ（質のしるし《シグニチャー・オブ・クオリティ》）推進計画」として世に知られるようになった。ラーセンはこのプログラムを極めて重要視していたので、そのリーダーの地位を会社のスタッフ副社長の地位へと昇進させた。ＳＯＱプログラムは、組織が業績の測定法とプロセスの改良法を「全体として」併せて学ぶのを助けるために、ブレインストーミングの中でラーセンのチームのメンバーによって開発されたものである。

ラーセンは、感情の力と、社員の競争本能と誇りを呼び覚ますことをよく理解していた。Ｊ＆Ｊのビル・ニールセンは、別の製薬会社のＣＥＯが、ある世界的な会議でゲスト・スピーカーとして招かれた際に業界内でのＪ＆Ｊの競争優位性の欠如を直截に批判していたのを思い起こしてこう語っている。「喋り方は立派だが、とても挑発的な話しぶりだった。何を抜かすかこの野郎、と腹が立つほどにね」

ラーセンは、問題に対して、しばしば感情的に反応するリーダーであることをみずから認めているが、意思決定をする前には、状況を冷静沈着に思慮深く計算する機会が訪れるまで待つ。このようにして、自分の感情は率直に表明するが、それがビジネス上の決定に不当な影響を与えることはないようにしている。

J&Jの総体的な成長努力のもう一つ重要な側面は、「フレームワークス」として知られるものである。これは問題点を一つでなくて、さまざまな「枠組み（frames）」でもって考察することを示すために、わざと複数形表記の最後の「S」を大文字にしたやり方である。一九九〇年代の初期のヘルス・ケアの改革の動きに対応すべく、ラーセンとその経営委員会によって開発されたこのフレームワークスは、さまざまな学術分野からの人々を拡大経営委員会に加えることによって、参画型経営の考え方を育むものである。その新しいメンバーが、技術革新やグローバル市場があらゆるJ&Jカンパニーに与える影響についての直接的な知識と情報を示してくれていたので、経営委員会は、より効果的な意思決定機関になった。トップ・マネジメントは、会社のより根の深い問題から隔絶されて無知であることがあまりにも多いが、これはJ&Jのような分権構造組織のところではとくに気をつけるべき点なのである。フレームワークスはこれに対処するために各セクターを超えた協働化を促進したが、それが会社全体を成長させる構想にとって不可欠なものとなったのである。このフレームワークスの成功はより一層注意を払うだけの価値があるので、第4章においてさらに徹底的に考究することにしよう。

ラーセンにとって、品質を伴う成長という大目的《アンビション》を達成するのと同じぐらい重要だったのが、組織文化の中で価値観を共有させるシステムである。最初から、ラーセンはJ&Jの信条《クリード》に基盤を置いた価値体系の重要性を強く力説していた。この信条は、顧客を最優先する三〇八単語からなる倫理観の規範であり、こう始まる。「我々の第一の責任は、我々の製品およびサービスを使用してくれる医師、看護婦、患者、そして母親、父親をはじめとする、すべての消費者に対するものであると確信する」この信条はJ&Jの文化にとって大変に重要なので、ニュー・ブランズウィックの本社事務所の石に刻まれているほどである。それでもなお、こうした価値は常に重んじられてきたわけではない。二つほど実例を挙げるならば、オフ・ラベル（未認可）の薬品の販売促進を連邦政府が調査をしている際にその関連文書をシュレッダーにかけてしまった問題、故意の特許違反への罰則問題があるが、こうした一九九〇年代初期の一連の恥ずべき事件は、ラーセンに「挑戦」会議を開催することを促した。経営幹部は全員、信条の意味とそれがどのように意思決定に影響を与えるべきかを学ぶ二日間のコースに出席した。ニールセンによれば、これらは世界の各子会社の代表からなる経営会議の一つで、ラーセンはこのような不埒な行動に対して力強く反対する旨を語り、不法な行為、不適切な行為はいかなる環境の下でも許されないことを明確にし、それをやめるようにするのは全員の責任であるとした。ニールセンは語っている。「そんなことは、そもそもわれわれがすべきことではないのだ」とラーセンは集まった人たちに話した。その話が終わるや、熱烈なスタンディング・オーベーションを受けた。すぐその後、ラーセンのJ&Jのビジョンは性に合わないと実感した何人かが会社を去ることを決めた、とニールセンは語っている。
ラルフ・ラーセンが変わりゆくヘルス・ケアの世界の中で、J&Jに対して一層の競争力をつけることを意図したコースを設定してから、一〇年以上の歳月がたっている。その後、いかに会社がその挑戦に適切に対応したかは、数字が如実に物語っている。J&Jの税引き前の粗利は一九八八年の一五・五%から一九九八年の二一・三%へと増え、純利益率も一〇・八%から一五・五%に上がっている。一〇年間の株主収益率は、毎年、複利計算すると二五・二%と健全で、これは、つまりJ&Jに一九八八年末に一万ドルを投資していると一〇年後には九万五〇〇〇ドルになることを意味する。こうした利益の数字の裏を見ると、研究開発費も一九八八年のわずか七億ドルから一九九八年には二三億ドルへと、ここ一〇年間で三〇〇%を超える額をなんとか工面した会社であることがわかる。このように未来に向けてもしっかりした姿勢をとるJ&Jは、他方各事業部門への資金配分においても本格的な変化を遂げている。「知識ベース事業」と呼ぶ製薬事業と専門事業は、一〇年前の五九%と比べて、今日では売上げのほぼ四分の三を占めている。

ラルフ・ラーセンのような先見の明のあるリーダーは、解決への適応指向型のアプローチのための最高最良のアイデアは従業員の心と経験の中から現われることをよく知っている。優れたリーダーは他の人々がリーダーになるのを助けることにも励む。「この計画通りに黙って自分についてくれれば、約束の地へ連れて行こう、というモーゼ型のリーダーシップ・モデルはもう時代遅れで通用しない」と、ニューヨークに本社を置くバーンズアンドノーブル・ドット・コム社のCEOのジョナサン・バルクリーは言う。彼は雑誌《ファースト・カンパニー》の中で、「時計がかつてよりも速く動いているビジネス環境下においては、リーダーの仕事は全てに対して答えを持っていることではない」と書いている。バルクリーの仕事は、オンライン書籍販売というハイブリッドな世界にあり、単に本の仕入係を補充すればよいわけではない。彼は会社の問題を明らかにしなければならず、その言葉を借りるなら「『なぜ出版業がこの方法で動くのか』という本質的な問いかけを遠慮会釈なくできる人物、そして『これまでの考え方を変える必要がある』と自信をもって主張する部下を見つけて、その力を伸ばさなければならない」としている。これを言い換えれば、バルクリーは、ラルフ・ラーセン同様、適切な質問を投げかけて実践できる答えを思い描けるような、リーダーとしての役割を果たす社員を育てているのだ。真剣に自己投入する幹部を育成することによってのみ、バルクリーが望むようにバーンズアンドノーブル・ドット・コムがインターネット業界で勝ち組になるための戦略を成功裡に実行できるのだ。

以下は、解決への適応指向型の仕事の一つとして、リーダーが自分自身と従業員に投げかけるべき質問である。

●自分の奥深くにあって、個人として、また集団として、未来を見つめる目を妨げている信条とはなにか。

●どのような新しい学習が必要とされているか。
●自分たちのアンビションを実現するには、どんな既得の知識を捨てなければならないか。
●そのための脱学習に取りかかる準備はどの程度できているか。
●衝突していて危機に瀕している価値観は何か。

Ｊ＆Ｊでのラルフ・ラーセンの過去一〇年以上にわたる成功は、私のリーダーシップの枠組みづくりによる成功物語の好例となる。ラーセンは技術指向と適応指向の仕事の両方が、きちんと分かれた形で創造されて実行されることはありえぬことを直観的に理解していた。業績比較評価するベンチマーキングという形で技術指向型の変化を利用することにより、自己満足に浸っていた社員を揺さぶり、巧みにその関心を成長へと集中させた。と同時に、ＳＯＱやフレームワークスのような、組織文化を変えるための適応指向型の方策も用いたのだ。

次の章では……

次章で示すように、四つの部分からなるリーダーシップの私の枠組みの流用により、リーダーの仕事を大いに単純化することはできる。しかし、だからといって、もちろん、複雑で非常に難しい決定を下すのを避けることは、もちろんできない。実際、リーダーは、全職場の社員を大変化に適応させ、組織が直面している問題解決に総動員するという、最も困難な仕事に着手しなければならないのだ。

リーダーシップをめぐる七つの本質的な行動は、リーダーの本当の仕事をかなり具体的に示すものであり、それぞれの構成要素を容易に理解させる助けとなるはずである。次章では、それぞれの行動を簡潔に説明することから始めよう。

第二部

リーダーの本当の仕事は

第3章　リーダーシップ、七つの基本行動

よく知っていることからくる安心感は、とかく陥りやすい罠となる。ペンシルバニア州のフォート・ワシントンに本拠をおき、年に一億ドルを売り上げる音楽の小売業者であるCDナウ社の共同創立者の一人で社長兼CEOのジェイソン・オリムにたずねてみれば、そのことはすぐにわかる。二九歳の時にオリムは、双子の兄マシューと、実家の地下室でこの会社を興した。「『自分がやるのでなければ、何事も正しくはできない』という、実は忌まわしい起業家の呪縛からどうやって脱け出したかを語ってくれる。「自分の役目として、自分のできることについては少なく、組織ができることについては多くすることを学んできた。こうした信念の根本的な変化が、行動の根本的な変化を生んだ」と《ファースト・カンパニー》に書いている。

オリムは、腕まくりで危機の只中へとまっしぐらに突進して、みんなに何をすべきか指示したいという衝動に対して、今は抵抗している。「私は今、部下が真剣に考え、解決策を教えてくれ

るまで待っている」とその記事の中で述べている。しかし旧来のオリムの意見を変えさせたのは、兄からのかなりきついひと突きであった。「兄は私に、会社のウェブ・サイトのアルバム・ジャケットの画像の大きさを変更するために私が書いたコードの一部を修正するのを許さなかった」とオリムは回想する。会社の技術グループのチーフとして、オリムの兄は「お前にチームのプロセスを妨害する権利などはない」と言った。今では、兄が正しかったことを素直に認めているが、いまもなお「良薬は口に苦し」だったとして当時のことを思い起こす。

何らかの行動をすることは達成感を生むことが多いので、リーダーはすでにその解決法を知っている問題について、とかく熱中しようとする誘惑にかられる。その誘惑に負けると、リーダーは、自分自身だけが解決できる本当に複雑な問題を無視してしまうことになる。このような問題点を見すごしてしまうと、組織にとってとんでもない結果が生じうるのだ。

リーダーとしてなすべき真の仕事に取り組まず、熟知していてお馴染みのジレンマを解決することをあれこれ合理化しようとしても、結局のところリーダーはいずれはどこかの時点で、本来は他の人々が果たすべき仕事から手を引き、経営者としての本当の責任を負わなければならない。リーダーシップの七つの基本行動のそれぞれは、まさにそれを助けるための生産的なアプローチを提案するものなのである。

次にこれらの行動の概要を紹介していくが、それぞれについては後の章でより細部にわたって論じることにする。これらの行動はリーダーが、表の「展望台《バルコニー》に昇る」ことを要求し、真実の姿を伝え、競合する価値観を明確化し、働く者同士の対話を促進し、できるときはいつでも働く者の悩みを和らげ、集団としての責任感という考え方を強調することを含むものである。また、エピローグでは、意味のある解決策を発見することの重要性を説くことにする。

▼展望台《バルコニー》の上に立つ

リーダーは遠くまで広くあまねく見ることができなくてはならない。経営しているビジネスや市場のすべての面を見る能力をもって、一段と高い展望台の上に立たなければならない。自分自身と会社の日々の活動との距離を意識してあけておくことは、こうした日常業務に必要以上に首を突っ込みたくなる誘惑を避けるために、欠くことはできない。しかし展望台の上に登っていたとしても、目的あるリーダーは足下の事態の諸展開への関心や興味を決して見失ってはならない。

実際のところ、有能なリーダーは会社というドラマの中で二つの役割を演じているのだ。会社の日常の業務遂行をめぐるさまざまな実務面にかかわると同時に、これらのルーティーンな活動に関しても全社的な業務改善という見地から考えなければならない。この多層的な見方を維持することは、必ずしも容易なことではないが、リーダーがこの能力を身につけなければ、その会社はまごつき、のたうちまわることになる。私はこのバルコニーというたとえを用いることによって、リーダーがバルコニーと現場を自由に行き来することで、熟考と行動のバランスをとるよう促したいのである。この方法によって、慣れ親しんだ細かい業務運営面で近視眼的に働きたい誘惑に抵抗し、会社全体を成長に向かって働かすような視界のよいビジョンを保つことが可能になるのである。

▼真実の姿を伝える

会社の全体的な状況について尋ねると、通常の社員は混乱してしまうことが多い。社員は自分が遂行する日々のルーティン・ワークの中で期待されていることは正確に知っている（知っているべきである）。けれども、どこで各個人の仕事が会社の全体としての機能と繋がっているのか、リーダーが会社を新しい領域へと導くに当たって何がとりわけ問題となるのかについては、ほとんど気付いていない。リーダーは社員からの忠誠心をあてにしているのだが、そのためには、会社として共有すべき利害感覚を働く人々に伝えることによって、愛社心を吹き込まなければならない。これは常に重要なことであるが、その際最も重要になるのは変化の時である。リーダーとしての新しい職責は、進行していることを全員に説明することである。つまり、リーダーは、会社の究極的な狙いであるアンビションと、それを達成すべき状況をどう見ているかを、単純明快に、しかも完璧に、かつ明瞭に伝えなければならないのである。そうしたときに初めてリーダーは、社員とそうした見方を分かち合い、将来への計画を支持してもらえるのだ。

▼競合する価値観を明確にする

価値観などというものは形のないとらえにくい存在ではあるが、それでもなお共有することができる。現実に、共有された価値観こそが社会や文化や組織の背骨をなしているのだ。確かに、全員が同じ価値観を共有することは容易なことではない。仕事上の経験、態度、目標、向上心の違いは、異なる価値観を生み出す。各人が本来持っているそれぞれの価値観そのものに触れることなく、あえて「違い」という言葉を用いたのは、特定の問題に取り組むことを共有の目標にしようというときに、他人の価値観をあれこれと言うのは実に不適切なことだと私は強く思うからだ。

異なる価値観は状況の変化によって競合したり衝突したりするが、態度はそうではない。たとえば、リーダーが会社の方向性を変え、新しい道へと歩み出すことを決めたときには、それに同意しない同僚や社員と対立することになろう。もしリーダーが前進することを望むならば、反対する個人が誰かをはっきりさせ、変化を提案することの根本にある思考プロセスを理解するように助けてやらなくてはならない。部下が考え方と働き方について新しい方法を発見しそれに適応するのを支援するのならば、リーダーは、いまだ腹が決まっていない社員の心配の念に対してすぐにでも取り組むべきである。というのも疑問が晴れないことには、それが全員の悩みの種になってしまうからだ。前述したように、共有された価値観は会社の心臓であり背骨なのである。

▼価値観の変化を支援する

新しい価値観を絶えず強化してその定着を図ることが肝要である。しかしときどき、適応指向型の変化への方策を実行する中でリーダーは、悩まされはするが、面白くもあるジレンマに直面することがある。会社が、うまくいけば長期的な業績の向上につながるような新しい価値観を定着させようと動いているときに、やはり古い価値体系へ回帰することこそが解決策と思われてしまうような危機が発生するのがそれである。そこでとりうる最善の行動は一体何なのか。

組織中に価値を浸透させる過程では、その価値観を支えてしっかりと立っていなくてはならない。以前のシステムに逆戻りすることは（たとえ一度でもそれをすれば）社員をがっかりさせるし冷笑を誘うだけである。それは基本原理を裏切ることを意味するからだ。文化の変革はつねに大変厄介な課題である。リーダーが目的を明快に示すことが、伝達能力と結び付けば、その方針を会社全体に効果的に守らせるための最善の方法となる。また、リーダーが新しい価値観を完全に受け入れていないと感じさせるようないかなる兆候も、適応指向型の仕事が必要なすべての解決策にとっては弔いの鐘となる。しかしながら、単に変化を避けるための後戻りから生まれたアイデアではなくて、別のポジティブな価値観とが競合して、新しいアイデアが提案されるのならば、それらを徹底的に吟味すべきである。そうすることにより、最終的に選ばれた方針が全員に受け入れやすくなるだけではなく、貴重な洞察をも与えてくれることになる。競合する価値観を十分に考慮することは、それをとことん検討しようとする意欲の表われであって、どっちつかずの煮え切らない態度とは異なるものなのだ。

▼対話を促進する

冷戦時の最も冷え切った日々でさえ、アメリカ人とロシア人は話し合いを続け、時には合意を見ることさえあった。そういうときには必ず、国際的緊張は軽減し、平和への望みは強くなったものだ。実際に、多くの歴史学者はこれらの二つの大国間の対話が第三次世界大戦に突入するのを防いだと論じているが、それは対話という方法が、両国の立場の正当性についての議論以上のものを生み出したからである。対話は学習と理解を進展させる。競合する立場の根底にある論理を理解することは、多くの場合、それを受け入れることへの抵抗感を取り除いてくれる。対話は、リーダーが適応指向型の解決策を導入したいときに、行く手を阻む障害を取り除いて道を滑らかにしてくれる。一つの問題点には必ず二つ以上の側面があるので、リーダーは議論をその問題点に絞って、それらの側面を説明し明確にする仕事をしなくてはならない。各社員の声が上まで届いていることを感じさせるためには、これらの議論を何としてでも参加型のものにしなければならない。

▼部下の苦痛を和らげる

解決策の適応指向型の要素を実行することは、決して未来への安穏とした道程を歩むことではなく、痛みを伴うものでさえある。人生と同じくビジネスでも、大きな変化に付随する痛みと圧力は、もともとの生産的機能が抑制されるほどの苦痛となることもある。その一方で、みずからを取り巻く周囲の深い変化に全く気づかない人や、全く関係ないと思い込んで働いている人々も、同様に非生産的になりうるのだ。

リーダーは働く人々の苦痛のレベルを丹念に監視し、それが過剰にも不足にもならないようバランスを巧みにとらなければならない。第9章では、熟練したリーダーが圧力鍋を上手に操るように苦痛を管理する能力をいかに生み出しているか論じるが、それはじわじわと熱を加えて、十分な蒸気が安全に外に逃がれるようにして、爆発を避ける方法のことなのである。

▼全員に集団としての責任感を植えつける

そもそも責任というものは双方向に働くものなのだ。リーダーは、社員が職責を引き受ける機会を増やす必要ありと認めたら、それができる部下に実際に仕事を与えなければならない。自分の得意領域内に問題点が存在する社員は、それを解決する責任を喜んで引き受けるべきであり、リーダーはそのように責任を引き受けようとする者の態度を評価する必要がある。これを言い換えれば、態度には行動と同じぐらいの重味があるのだ。たとえどのような場からやって来ようとも、それは必ずしも楽な道のりではない。賢明なリーダーは、責任が社内に適切に配分された場合、全員に恩恵があることを十分に理解している。問題点を察知することは、企業の階層の上と下とで行なわれているとはいえ、第一線の社員のアンテナは、CEOのいる最上層部のそれよりもかなり前に、市場の変化と成長の機会をよく発見する。これこそ顧客の近くにいることの強味である。昔ながらの命令と統制による戦略管理を越えて成長し、部下にも責任を委ねるようにするリーダーは、豊かな利益を得ることになる。そうした社員は、最善を尽くすよう動機付けされ、実際にそうするだろうし、アイデアを積極的に伝えることを学びとり、そのイニシアティブをとる。

この本は「意味」の創造をめぐる研究で結ぶようになっている。シェイクスピアは『リア王』の中で「意味」について「その成熟こそ全て」という名言を残している。人が大義名分や真の豊かさを手に入れることから来るところの充溢であり、金や持ち物によってではなく人間の全感覚と共感力をもって人生を十全に生きることからもたらされるものである。何か新しいものや、びっくりするようなものを創造する歓びでもある。意味とは、生きることであり成長することなのである。

　こうしたアプローチは、あらゆる階層にある人々に職責を配分することを要求するが、巷間でよく使われる「エンパワーメント（権限委譲）」という言葉と混同しないでほしい。この言葉には「力のない奴にお情けで与えてやるという」否定的な裏の意味がつきまとうので、アメリカなどのビジネス書の読者には不評である。というのも、原則として、職場で働く者が完全な自主性をもっているべきだという非現実的なアイデアのお涙頂戴風の考え方に基づいて説かれているからだ。

　私の考えでは、エンパワーメントについては、四つの神話があるが、そのウソは正しておかなければならない。その一つは、適当な権限を委譲しさえすれば、現場の人間とそのマネジャーは顧客に対して正しいことを行なうだろうという考えである。ワークステーションをつくっている会社の顧客サービス担当員が電話で応答しているのをヘッドセットで聞いていたことを覚えている（この会社での顧客サービス係は、現場の人もマネジャーも問題を解決できないときに繋がれる次のポイントであった）。そのとき、消費者は過去一年間に機械が三回も壊れたと苦情を訴え、代わりを欲しがった。会話は担当員がその要求を拒否するための権限を行使するまで二転三転し、結局顧客は不満たらたらのままだった。担当員は私に向かって、「この客は全くわがままだ」と言い、こう加えた。「この製品はたいてい一年間に六回ほど修理する必要があるものなのだから」と言ったのである。

友人であり長らくの同僚でもあるイーブス・ダズは、よくこんな言い方をする。「高度にコントロールされた環境から、いわゆるエンパワーされた中へ移された人々は、あたかもいい加減な職務怠慢をしていたかのように振る舞う」

第二の神話は、人々がエンパワーされたがっているという説である。必ずしもそうではない。社員を「エンパワー」しようと試みた多くの経営幹部が、あらかじめ定められた「ルールでやってくれたほうがいい」と当の社員たちに言われているのを知っている。私の知る限りでは、調査対象となった働く人々は、重い権限などは望んでおらず、自己の職責の領域内においてすらそうなのである。働く人々とマネジャーの多くはあらかじめ決められたルールの中で機能することに、むしろ安堵感を覚えるのだ。

第三の神話は、エンパワーメントとコントロールはお互いに両立しえないという説である。「両方とも必要さ」と、ノードストローム社の会長兼CEOのジョン・ノードストロームは語る。「顧客に対応する個々の販売員と売り場マネジャーには広範な権限を与えている。一時間当たりの売上を実績と関連づけて、さらに当該地域と全米の他店の売り場のデータを比較しうる地域マネジメント報告システムがこのエンパワーメントをバックアップしている」ノードストロームで買い物する者は誰でも、広範な決定権を持つ販売員が顧客と応対していることを知っている。販売員は商品の返品と補充に関する現場での意思決定権をエンパワーされている。他の売り場に顧客に同行して他の売り場に移動することもでき、その間、顧客との関係を深めることもできる。

販売員は各自の顧客リストを持ち、買い物客の名前をよく知っている。最も重要なのは、販売員が客の好みや購買スタイルを熟知していることであり、それぞれの顧客にぴったりの新しい商品をいつも探している点である。

エンパワーメントとコントロールをめぐるノードストローム式のモデルの中での社員の業績は、業界水準の五倍から六倍も高い、とジョン・ノードストロームは言う。しかしこれは万人向けにデザインされたシステムではない。そこでの業績査定システムは、従業員の序列を平準化してすべて同列の協働者にしようというものだが、ある種の人々にとっては、これはとてつもないストレスを招くこととなる。

私が正したい最後の神話は、働く人々は顧客に敏感に対応しうるようにエンパワーされなければならないという誤った信条である。実例として航空業界の実態を見ることにしよう。

パイロットは専門職であるが、意思決定を「自由に行なう権利」は制限されている。手順を正確に厳守し、フライト前に特定のチェックを行なうことを要求され、飛行中に問題が発生した場合には標準規則に従う。顧客も別な勝手なやり方を望んでいるとは思えない。パイロットが副操縦士に「三五〇〇〇フィートの滑走路を使って時速一六〇マイルで離陸する代わりに、時速二〇〇マイルで二〇〇〇フィートを使ってこいつが飛べるかどうかやってみよう」などと話しているのを耳にしたら、どんな感じがするか想像してみてほしい。客室乗務員もまた、乗客を快適にすることに関しては臨機応変に対応する権限を持っているが、安全要求に関しては自由に振る舞う権限はない。それにもかかわらず従業員へのこうした諸制限は乗客へのサービスに悪い影響など与えない。

エンパワーメントに対する最後の言葉として、テキサコの会長兼CEOであるピーター・ビジャーの言葉を引きたい。彼の意見は、数年前に私と交わした会話の中で説明してくれたもので、私自身の言いたいことを代弁しているといってよい。

部下には考えをめぐらせてほしいし、責任感をもってもらいたいが、エンパワーメントと民主主義の区別もしてもらいたい。私は権限の委譲については大変厳しく仕込まれてきた。部下はルールと規則を守るべきである。もしこれらを変えたかったら、変化させるためのやむにやまれぬ理由をもって私のところに会いに来てほしい。間違いをおかすのもよい。しかし、部下には行動する権限をもっている領域内での間違いはきちんと正してほしい。

次の章では……

リーダーが日々の業務処理や会社の小さな危機処理などに没頭してしまうと、組織が必要とする戦略的な再方向づけがおろそかになり、会社全体の将来を危険にさらすことになる。

次の章では、差し迫った危険に的確に気づき、会社を全体として評価するために、業務遂行上のこまごまとしたことからもう一度本来のあり方に立ち戻ったビジネス・リーダーの話をしたい。そうすることによって、解決すべき問題の優先順位を再編成し、会社の戦略を効果的に作り直し、会社を失敗の瀬戸際から手堅い成功への安全領域へと抜け出させることができるからである。

第4章　展望台《バルコニー》から眺める

かつて友人のロン・ハイフェッツは、リーダーシップをめぐる真の英雄的資質とは、現実に直面する勇気と、周りにいる人にも同じようにさせる能力であると言ったことがある。戦略を策定し、予算を組み、計画を実施するかなり前に、リーダーは自分と組織が直面している真の環境がどんなものかを探求し知らなければならない。ラリー・ボシディは、アライド・シグナル社に移る前にＧＥで三四年間を過ごした人物だが、有能なリーダーとは特定の戦略を決める前に「現実を極めて厳しく理解する」人々だと述べている。

非情な現実の壁にぶつかることは、リーダーが直面する課題の中でも最も困難なことである。カリフォルニア州のパロアルトに本社を置くヒューレット・パッカードに三五年以上も勤続するベテランのルイス・Ｅ・プラットにとって、この巨大企業を分割する必要を認めることが、どれほど痛ましいことだったかは、想像に難くない。彼の偉いところは、あえてそれを関係者全員のために断行したことである。

会社はしばしば、様々な現実的な問題に直面するが、それはすでに会社の大きさに合わなくなったマネジメント・パラダイムに固執するがためである。これがひとたび起こってしまったら、リーダーは古い枠組みをもう一度、時代に適切に合わせなくてはならない。しかしながら、これが困難この上ないのは、ひとえにこうした時代遅れで窮屈な指針が、以前は非常に有用であり、とくに会社の発展を形づくった要素でさえあったという事実によるのである。そこでルー・プラットに、どうやって沈滞の中からHPを脱却させるための舵をとったか、とりわけ深い満足感と報酬を得てきた日々からどうやって脱却させたかを尋ねた。すなわち私は、ぶしつけにもズバリこう尋ねたのだ。「どうやって過去を葬り去ったのですか」これまでのスタイルのマネジメントは「それほど複雑でない一〇億ドル以下の売上げの会社においては素晴らしいものだったが、さらに複雑性を増して四〇〇億ドルを売り上げる会社では必ずしも機能するとは限らない」。実際に、プラットは、あまりにも多くの組織が「成長の壁にぶちあたる」ことの主な理由を、リーダーのマネジメントに対する見解が会社の前進や拡大について行けないでいるからではないかと考えている。

GEのジャック・ウェルチは厳しい現実に先手を打って、会社が取り残されるのを拒絶した。GEの場合、ウェルチは外国からの新しい競争会社の流入に対して会社業務のリストラでもって対抗し、こうした新しい競争に挑戦することができた。彼もかつてこう言っている。「手札を最高に活かすやり方は、現実に直面することであり、あるがままに世界を見ることであり、そしてその現実に即した行動をとることだ」しかし、多くの場合これは、まさに「言うは易く行うは難し」である。

時たま、現実に直面することが不可能に思えることもある。会社活動の日々の流れに上手に乗り、現場と後方部門の人々とも絶えず接触し、戦略の適切な遂行を監督しているリーダーに対して、日常の心配事や関心事から距離を置けなどというと、まるで上手に動いている自然法則を乗り越えよなどと言われたかのように感じるに相違ない。リーダーはこれらの日常の事項との接触も必要だが、一歩、間をおいたり離れたりすることも必要なのである。リーダーは事態の全体像を、たとえその眺めが不愉快なものであっても、自由に見ることができなくてはならず、このことは当然、技術と関連市場の変化に鋭い眼差しを向け、焦点を合わせることを伴う。組織のそれぞれの要素が他の要素とどう交差しているか（あるいは交差することに失敗しているか）を完全に掌握していることは、リーダーにとって非常に重要なことである。リーダーは、日常業務とその外側の問題の両方に、共に関わる能力が必要とされるのである。

同じ能力は、バスケットボールのアービン・〝マジック〟・ジョンソンやアイスホッケーのボビー・オアのような、スポーツ選手を伝説的な存在にするのにも役立っている。ジョンソンとオアの二人とも、みずからもゲームに参加しながらフィールド全体を見わたすことができるので、得点を上げることと、ゲームのより大きな流れを観る能力の二つを絶えず発揮していた。言い換えれば、二人ともそれぞれの心の中で描く個々の役割だけでなく、ゲーム全体をも把握して、自分のものにしたのだ。これに対して、並の選手は、瞬間ごとに自分の行動にのみ気をとられすぎてしまうので、大局観を失ってしまい、その結果、マークのついていない選手や、ブロックをやりそこなっている選手や、得点できる位置にいる選手を見逃してしまい、大きなチャンスを逸してしまう。

今日の素早く変わりゆくビジネス世界においては、リーダーはマジック・ジョンソンやボビー・オアから学ぶとうまくいくだろう。ＩＢＭのメインフレームの顧客をうまく奪い去ったのはいいが、パソコン・ビジネスの出現に気付きそこなったデジタル・エクイップメント社（以下ＤＥＣ）の不運な創設者であるケネス・Ｐ・オールセンに思いを馳せる時、彼が極端なほど、そして、結局のところ、一つの問題点に不適当なまでに中心を絞り過ぎたことに気が付く。「だれがコンピュータを机の上に欲しがるというのだ」と、オールセンは一九七〇年代にパソコンを作るという提案を拒否する際に侮蔑するように言ったとされている。また、彼の「個人がコンピュータを家に持ち込む理由など何もない」という言葉は今でも語りつがれている。何百万人というコンピュータに飢えた顧客が、家庭用コンピュータが欲しい理由をゴマンとあげてやってきたときに、ＤＥＣは地獄の淵へと落ち始め、オールセンは自分が作った会社を去るよう求められた。ずばぬけた才能を持ったエンジニアでありリーダーであったとはいえ、市場に対するオールセンの近視眼的な見方が未来における現実を見ることを妨げたのだ。たとえどんなに一生懸命に見つめようとしても、われわれは皆どこかに必ずや盲点を持っているものなのだ。

自社の市場を「知っている」ことをはっきりと宣言したのはいいが、ただこれらの市場が「ほとんど知らないうちに……逃げ去っていた」という、オールセンのようなビジネス・リーダーの話を皮肉るラリー・ボシディは、リーダーシップをめぐる「主たる挑戦」は、「これまでどこにいたかではなくて、どこへ向かっていくかに部下が照準を合わせるような文化」を創造することだと見ている。偉大な選手はゲームの流れをつぶさに観察し、オフェンスとディフェンスがどのように相互に作用しているかをよく観察している。より広い視野を持つことを、「バルコニーから眺める」と私は呼んでいるが、その力が備わっているからこそ、これらの選手はチームのリーダーになれたのである。というのもゲームのすべての段階で起こっていることを他のプレーヤーよりも、よりしっかりと意識しているので、その結果、ベターなプレイをすることができるからである。

ビジネス・リーダーとして本来ならばバルコニーへの階段を登っているべきときに、日々の業務遂行的な問題の解決に多くの時間を費やしすぎている理由にはいくつかあげられる。しかし、よくある理由といえば、困ったことに、日常のルーティーン的な問題に余りにもとらわれているので皆目ゆとりがないのだと、頭から信じ込んでいることである。日常業務上のやるべき選択肢がいろいろと合わさって、それがいつの間にか戦略になってしまっているのだ。本来の戦略的思考を犠牲にして、時間を浪費する実務対応型の問題に呑み込まれているのだ。私は前半では実務対応型の問題について、後半では戦略についての打ち合わせが予定された丸一日費やす会議に出ることがあるが、しかし結局は実務対応型の問題だけで一日を潰してしまうことが多い。当座の問題にだけ関連した情報を求めて、結局、ビジネスのより大きなニーズという現実を理解することなしに、多くの愚かな意思決定をしてしまっているのだ。こんなときにはリーダーは本来は部下がするべき仕事をしているのであって、部下たちがトップにやってほしいと思っていること、そしてトップのみができることを果たしてはいないのだ。これこそが真の悲劇なのである。

ここで、しっかり記憶しておいてほしい大事な点は、リーダーは現場とバルコニーの間を上手に行ったり来たりして、いつ何時においても、どの考え方が組織の繁栄にとって大事かを絶えず評価していなければならないということである。

第2章で示したように、年に二八〇億ドルを売り上げ、一九〇以上に分かれたカンパニーから成るJ&Jのような大きな組織では、多くのリーダーが――たった一人ではなくて――、深呼吸してバルコニーに登る準備をしていなければならない。一八八七年の創業以来、J&Jは一世紀を超えて生き抜いてきた。現在の課題の中心は、複雑で曖昧なビジネス世界でたとえ何が起ころうとも、それにいかに素早く柔軟に対応し続けうるかということである。ラルフ・ラーセンはかつてこう書いている。「J&Jの中でいま座っている場所から見て、二一世紀について一つだけ確実なことがいえる。それは、かつてないほど目くるめくペースで万事が変化するという展望である」一方で、こうしたラーセンの考えからは程遠い伝統的なビジネス上の知恵にあぐらをかいていた者たちは、会社が大きくなるにつれてその成長をむしろ鈍化させる必要があるなどと説いていた。しかし、彼は一九八九年に製薬会社の舵をとったとき、Ｊ＆Ｊがその内在する問題を異端ともいえる構造改革でもって克服しない限り、こうした昔ながらの考え方がはびこってしまうと考えた。同時に、変化する競争状況という現実に、真っ向から立ち向かわなくてはならなかった。

組織が全体として直面する問題や挑戦について伝える方法を適切に評価することが、ラーセンの就任時において最優先課題となった。Ｊ＆Ｊが成長し続けるのに不可欠な、統一された展望を得るためには、どのようにしたら、広く分散した個々のカンパニーのリーダーたちを動機付けることができるのであろうか。個々の会社の、これは私の会社だという所有感覚の根深い意識が、巨大な力に対しても逆に膨大な問題となり得ることをラーセンは十分承知していた。それは適応指向型の解決策を実行中のリーダーに「学習不能」と呼ぶ状態をもたらす。多種多彩な、地理上、組織上、機能上の障害が存在したにもかかわらず、ラーセンと経営委員会は、首尾一貫して結合力のある成長志向企業を作り出す道のりでのいかなる障害をも乗り越えようと、心に誓ったのだった。つまるところ、他の道などなかったのだともいえる。「とてつもなく巨大な会社でも、あらゆる種類の変化に会社が適応する能力をさらに持たなくては、時代に取り残される危機に直面してしまう」とラーセンは言う。

こうした経営側の決意から生まれたものが、目覚ましくて革新的な問題解決のアプローチであり、第2章で紹介した、会社がフレームワークスと呼ぶプロセスである。ラーセンは、J&Jは「市場の中での位置、人々がわれわれに期待しているもの、さらに即応性を高める方法、成長と発展のための新しい機会を見極める方法などを、より良く理解するための〝枠組み《フレームワーク》〟が欲しかったのだ」と説明している。フレームワークスの最後の大文字のSは、「フレーム」が複数あることを意味しており、それによって多様な事業活動を視野に入れることを狙っている。会社は、その最も潤沢な資源、つまり各カンパニーの中で利用できる経験と専門知識を利用したかったのである。加えてラーセンとそのチームは、組織の内部へ向かおうとする力を打ち消すべく働いた。かくして部下は外側の世界に対してより敏感にならなければならなくなった。

フレームワークスのプロセスの一環として、会社は一〇〜一二人を本社から招いて、通常は九人の経営委員会の臨時メンバーにした。地理的、技術的、組織的の見地から選ばれた臨時メンバーは当座の問題を解決するために貢献することができた。マクニール事業部の業務マネジャー、ヤンセン事業部の製造マネジャー、また本社からのIT専門家が含まれることもあった。これらの人々は高い地位の経営者ではなくて、むしろ討論に多様性や新しい価値を加える能力を持った人々である。次に、ラーセンとこの拡大経営委員会のメンバーはジョージア州シー・アイランドのような人里離れた場所に出かけて、たっぷり一週間にわたる集中討議を行なった。まさに、丸々一週間も過ごすのであり、午後だけとか一日だけとか週末だけとかではなく、考慮中の手元の問題に真剣に取り組む。会議は民主的に行なわれ、だれも地位的な上下を論じたり、敬意を払えなどと言ったりはしない。その後、拡大経営委員会はどういう段階を踏んで案を実現すべきかを決める。

この最初の集まりのときから、小委員会とタスクフォースが結成され、それぞれが特定のテーマを調査研究するための命令権を持った。結果的には、会社の隅々までの何百人もの人々が全社に影響を与える決定に情報をつぎ込むことになる。要するに、ラルフ・ラーセンは何人かの部下をともにバルコニーへと連れ出したのだ。このようにしてJ&Jの展望は、以前には想像もされたこともないやり方で広がる。フレームワークス・プロセスの成功例として、あるチームは市場での会社の地歩を強くするために日本に行った。驚くべきことに、このチームはおよそ一〇〇〇もの可能性ある考え方を提案したのだ。

調査チームは、総括的な方針と特定の実践策と同時に、業務遂行手続分析をも研究した。そうした結果はフレームワークス・チームと経営委員会によって評価される。次に、フレームワークス・マネジメント・チームはそのような研究と討論に行動の基礎を置いた計画をデザインする。フレームワークス・チームは、新しい構想を打ち出したが、バルコニーに登り、そこからの眺望を理解することを経験した後のマネジャーにはその概要は明確になる。その結果、会社は新しい市場に進出し、新事業を興し、技術と人事における新計画をつくりあげ、もちろん、技術革新も推進する。同時に、会社はリーダーシップ能力の開発にも必要以上と思われるほどの注意を払う。ラーセンはフレームワークスについて「会社中のエネルギーを解放し、組織とそのリーダーシップを革新と変化という将来の中心課題に集中させるための、立証された手段である」と述べている。フレームワークスの方式は六カ月かかるが、極めてつらいだけではなくて、「すでに会社の中で最も要求の厳しい地位にいる人々の時間とエネルギー」をさらに大幅に要求するものだとも述べている。単なる会社の問題の解決策に止まらないばかりか、フレームワークスはJ&Jの独自な組織構造に対して理想的とも言えるほど適合しているのだ。

ここにフレームワークスのタスクフォースから浮かび上がった特に面白い二つの新構想がある。その一つ目は「リーダーシップ」がテーマであり、フレームワークス6で開発されたプログラムである。この「リーダーシップの標準」なるものは、会社として初めて公式に「本質的な価値観の説明を試みたもので……この組織における現在と未来のリーダーの人物像を描き出したものである」。一九九六年八月に出されたフレームワークスの月報の「今月の問題点の記事」で、この重要な努力の結果「各業務単位が人員を補充し、その継承計画を実施するためのガイドとして役立つような評価技術」をもたらしてくれたと発表している。

もう一つは、フレームワークス9から浮かび上がった、「What New?（何か新しいことは）」で、「『何か新しいことは』と人々が尋ねあい、これまでの『How business?（どう、今の仕事うまくいってる）』と尋ねがちなやり方だけではなくて、革新的なやり方についても併せて考える場所へと変える」ことを狙うプログラムである。もし「『どう、今の仕事うまくいってる』という問いが、過去の行動に焦点を合わせることと、業績を優先させることを意味するのならば、

『何か新しいことは』は目標とする成長率を達成し競争優位性を強くするために行なっていることに重点をおいているといえる」。同じ月報の中で、経営幹部の一人のビル・イーガンは、J&Jは「この二つの問いかけの意味を組織の生き た部分とすることによって、〔その結果〕……われわれが行なうすべての活動の中で数多くの革新として結実している」とその自信の一端をのぞかせている。

指導層が変化こそ会社の生き残りには極めて重要であると結論付けた後に、異なるアプローチを選ぶ会社も他にあろうが、しかしそれとても常に行動と熟考の間を行き来しつつの挙げ句の選択として表われることになろう。ペンシルバニア州ランカスターのアームストロング・ワールド・インダストリーズの会長兼社長兼CEOのジョージ・A・ローチは、まさにそのような選択をしなければならなかった。一九八〇年代初期、ローチはインテリア家具・内装メーカーとしてのアームストロング社の市場における評価が非常に低いことが気になってしかたがなかった。それが万事を楽観視するバラ色の眼鏡を外させ、難儀してバルコニーに登ることをあえて決断させた。そこから、全体としてビジネスを厳しく見つめ、全体としての社会情勢、競争相手の行動パターン、技術の変化を探求しはじめた。アームストロング社が道を踏み誤ったことを示すものを求めて探しての努力だった。バルコニーからじっと眺めることにより、自己満足に陥っていた会社が困難な選択をするのを避け、その一三五年にわたる成功の歴史が仇となってかえって見通しが効かなくなっていたことを、ローチは発見したのだった。突如、彼はこう悟ったのだ。

世界は……変化しているのに、われわれは全く競争力を持っていなかったのだ。自分たちのこの事業で、組織が生き残るための入念な戦略を創り出したつもりだったが、こうした戦略を左右する基盤となるがどれほどの速さで変化し始めているかに気が付かなかった（というよりも無視することを選んでいた）。変化は容赦などしてはくれない。間断なく、仮借なく、気付かないものや受け入れないものを過去へと押し流し、それらを浅瀬に漂ったままにする。

この点に関するスピーチの中で、ローチはさらにこう加えている。「それはそれは、身体が震え出すような孤独な瞬間だった。会社とその文化が、これまで自分が成長し安全な中にいると感じていた場合は、なおさらのことである」

ローチは思い切った行動こそが唯一残された救済策だと決意し、アームストロングの業績回復のための最高の望みは、その核となるビジネスである床材と建築製品に集中することだと悟った。会社はその最大の子会社であるトーマスビル家具を売却し、その全ての織物製品事業を売りに出した。ローチは、さらにバルコニーから眺めて、ローチは、会社は頭でっかちで意思決定が遅いと確信した。これを解消すべく、他の業務内容も再編成し、多くの仕事をなくした。しかしその荒療治が全て終わったときには、業績が低迷していた同社は記録的な売上を示し始め、その株価は六一％も上がったのだ。

バルコニーに登ったとき、ジョージ・ローチは、SASの伝説的な会長でCEOのヤン・カールソンのように、しなければならないことが見えたのだ。二人とも、カールソンが「ヘリコプター感覚」と呼ぶものを持っていた。これは、「地勢を見極めるために細かい現場の上に昇りあがる能力」であり、私の「バルコニーに登る」という言い方とも共通するものである。しかし、このヘリコプター能力という言葉は、会社の過去・現在・未来の全体像を広範囲に展望することを表わすという概念に比べればやや軽い感じがする。適応指向型の仕事の中の要諦は、人の結びつきである人間関係や社会的パターンを見ること、さらに今までとは競合する見解をあえてとることであり、一事業だけを見ることではない。

カールソンによるSASの改革

カールソンは一九八〇年にSASのCOO（最高業務責任者）に任命されたが、折しも航空産業全体が一九七〇年代のオイル・ショックの余波でスランプ状態にあり、石油産出国が石油の輸出を急に削減した結果、燃料価格が急騰したときだった。一七年連続で利益があったSASでさえも、二年目の赤字に直面していた。コスト・カッターとしてのカールソンの評判が先行していたので、SASの同僚も運賃の値下げと経費削減の両方をすることを期待していた。しかし経験豊富な経営者としてのカールソンは、SASの置かれた状況はそんなものではないことがわかっていた。

会社の行動パターンを摑み、その文化と価値観がどんなものか、また前任のリーダーたちがどう以前の危機の乗り越えてきたかを学ぶために、カールソンはバルコニーからの眺めを必要としていた。組織の歴史を分析したカールソンは、前任者たちが競争力を残そうとする余り、会社がすっかり弱っていることを発見して驚いた。顧客を満足させるサービスなどは到底提供できないところまで追い詰められていたのだ。オイル・ショックまでは、SASはほとんど競争相手がいない安定した市場の中を「高く、のうのうと飛んで」いた。市場が不景気になったとき、経営者はコストを大幅に削減し、それもあらゆる部署にわたって均等にカットした。不幸にも、こうした削減は脂肪太りしたところを削減するだけでなくて、顧客が望み期待したサービスをもまた大幅に削ってしまったのだ。加えて、士気の低下によって、このコスト削減は会社の競争能力をも現実に損ねてしまっていたのだ。カールソンは、さらなる削減などはもってのほかであり、販売増強を後押しすることに真の解決策ありということに決めたのである。

かくてカールソンはバルコニーに留まり、SASを「常連のビジネス旅行者のための世界最高の航空会社」にする戦略を計画した。よく乗ってくれる常連のビジネス客は、ほとんど毎回、正規の運賃を支払い、また多くの航空会社にとってそうであるように、乗客数では約六%でしかないものの、売上げでは四七%を占めていた。しかも、ビジネス旅行者は経済状況のいかんにかかわらず飛んでくれる。新戦略の一部は、こうした上客にお返しをし、適切な従業員に一層の権限と責任を持たせるようにすることを狙いとした。カールソンはさらにバルコニーの上から、このありがたいビジネス旅行者を競争相手が逆立ちしてもかなわないくらいにとことん追い求めることを決めた。こうしたカールソンの一本に絞り込んだ戦略は、彼の卓越した技倆を明らかにしたが、実行にはかなりの力を要求されるので、彼はようやくバルコニーから降りて行動の現場へと赴いたのである。

現場での彼の話をする前に、私のフレームワークの中でSAS物語がどのように機能したかを説明しよう。思い出してほしいのだが、われわれのフレームワークはリーダーの仕事を業務遂行中心の実務対応型か革新を図る戦略対応型かに分類することによって単純化する。次に、解決策をめぐり、それが技術指向型か適応指向型かを見極める。バルコニーに登った後で、ヤン・カールソンは、航空会社のゴールと、実際上は命令系統をも含む全体的な文化について、その概念の入念な最構築の必要があることに気付いた。問題は業務遂行的な実務だけではなかったので、カールソンの提案した解決策にはより多くの技術的な変革も含まれていた。解決策における適応指向型の要素に関しても、それぞれの社員は問題解決へのより重い責任を負うことだけでなくて、業務運営上の重点の置き方や処理方法の変化をも求められた。

最初に、カールソンとそのマネジメント・チームは、ビジネス旅行客に対応する新戦略の一環として、それがどの程度重視されているかを知るために、現行の手続きと費用を調査した。さらに具体的な変化に、強く売り込まれて最近買ったばかりのエアバスを飛ばさないという決定も含まれていた。買い手が決まるまで、または他路線での使い道ができるまでは、同機は文字通り砂漠地帯を飛ばされた。同機は三三五席を持ち、その座席を埋めるのは至難の業だったので、ロンドン・ストックホルム間を一日一往復しかできず、これでは到底ビジネス旅行者を引きつける運航スケジュールは作成できなかった。そこでカールソンは四五〇〇万ドルの追加資金と、業務運営費を年間一二〇〇万ドルまで増やすことについて取締役会の承認を得た。これによりサービス向上の研修コースをつくり、拠点のコペンハーゲン空港をアップグレードし、できる限り定刻通りの飛行をする航空会社をめざすことを約束したのだ。カールソンはファーストクラスを撤廃し、代わりに、主としてビジネス旅行客が利用する正規運賃クラスであるユーロクラスを設置した。特筆したいのは、全ての細部にわたって、たとえいかに小さなことでも、調査し検討された点である。

バルコニーに登ることによって、SASの不幸の一因であった実際の行動パターン上の問題点を発見するのに必要であった展望をカールソンは手にしたのである。社員たちの人間関係、行動パターンの中にある問題点だけではなくて、社内システムの中の問題点をも探求したのである。問題箇所を明らかにすることにより、第一線の現場に責任の所在を移して、SASのもつ少なからざる人的資源面での優位を活かす解決策を考え出したのである。

▼どうやって一歩退いて見るのか?

成功したリーダーは現実を理解し、それに直面するという仕事を、どのようにして行なっているのか。私はこの領域の研究・調査を重ねるなかで、こうした疑問に対処するための数多くのテクノロジーを見てきた。最初の手法はこうである。

顧客からの見方を採用する

自動車業界では、テネシー州スプリング・ヒルに本拠を置くサターン社は、顧客指向の会社として定評がある。創業の当初から、サターンは自社を顧客サービス会社として位置づけている。しかし、自動車会社は伝統的にその主たる努力を製品のデザインとエンジンの馬力強化に置いてきた。しかし、GMの子会社であるサターンは、顧客の自動車購入の経験をよく見直すという決定を下した。会社は、まだこれに十分対応はしていなかったが、満たされていない顧客のニーズを見つけ出し、それに対処するための案をあれこれ実験した。そしてこれが全く新しいアプローチを生み出すことになった。サターンは顧客が会社とコミュニケーションをとる全ての方法を再検討し、その後、全てのコミュニケーションのあり方が改められた。たとえば、値引き交渉は一切なくした。また、最高のサービスと修理をすることで、顧客に安心感を抱かせるようにした。おそらく最も面白いのは、会社が企画した懇親会を通じてオーナーの中にコミュニティ感覚を養うなど、会社の顧客重視の考え方が業務のあらゆる面での動機づけの根本にあることを示して顧客を安心させたことである。となると顧客も最高の方法で好い反応を示してくれる。そう、サターンをまた買ってくれるのだ。つまり、リピート販売こそが顧客のロイヤリティを意味するのである。

質問をすることを決してやめない

ロン・ハイフェッツは、ハーバード大学の学生にしきりと「現実を問い直せ」と促す。ディベートや意見の不一致の底流にある考え方を掘り起こして理解することの重要性を説くためである。一つの事例の特定のデータを知るだけでは十分ではないということである。

私も顧客に対して同じアドバイスを与えるが、その際、理論的根拠の下にあるものを理解する力の例として、ゼロックス社に関する有名な話を使う。この話によると、同社の変化は年一回の株主総会で始まった。ゼロックスは最近、低コストな日本製の競合製品への回答とされていた3300型のコピー機の生産をやめていた。当時のCEOのデイビッド・カーンズは質疑応答をもって株主総会を始めた。ゼロックスの組み立てラインで働くフランク・イーノスがマイクに近寄り、トップに対する怒りをぶちまかした。「誰もが3300はガラクタだってことは知ってますよ」とカーンズに言った。「このことは、もっと前にあなたに話すことができた。なぜわれわれにもっと早く尋ねてくれなかったのですか」無言の社会的圧力の存在によって平社員などがアドバイスを与えるためにわざわざ社長室のドアをノックすることはなく、逆にまた、種々の損害を出す前に修正できた問題も経営者が知らないままでいるといった状況が生まれることを端的に示している。

名誉のために付け加えておくが、カーンズは、その特定のコピー機に関連したジレンマだけではなくて、手遅れになるまで巨大な問題が隠れたままでいるという各階層間の情報伝達遮断という文化的な問題を解決する方法を発見することを決めた。そこで学んだものは、リーダーは全員とのコミュニケーションへの開かれた道筋を、組み立てラインから第一線まで維持しなくてはならないということだった。それは会社全体を変えた大発見だった。後に、カーンズは組み立てラインからの早期警告に対して感謝の意を表する機会を設けている。アメリカ商務省がボールドリッジ国民品質賞をゼロックスに授与したとき、カーンズはワシントンDCでの表彰式にフランク・イーノスを招待したのだ。

それでもなお、リーダーの中には、従業員に意見を求めるのが容易ではない人がいる。これはそうする訓練を一度も受けていなかったからだ。実際には、その逆だったのである。ラリー・ボシディが指摘したように、多くの会社の伝統的階層構造の組織においては、「才能のあるローン・レンジャー」がどしどし昇進するのを許す孤立主義を培ってきたのだ。このような状況の下では、アドバイスを求めてさまようリーダーなどを見つけるのは困難この上ない。さらに、このような閉鎖的で階層化されたシステム構造の中で成功したリーダーは、従来のやり方を永続させ、おそらく知らず知らずのうちにであろうが、後継者には自分に似たものを探す。ゼロックスのジョン・シーリィ・ブラウンは《ファースト・カンパニー》にこう書いている。「成功に導くために学習したことのすべてが、学び捨てるという能力に逆らう」しかしこうした脱皮は難しいが、不可能ではない。ブラウンは、深く根づいた考え方に抗ってもがく姿を、とりわけ異なる意見とスキルを探し求めて苦闘する様子をこう述べている。「上級チームと私は毎週金曜日に二時間のランチをとり、うまくいったこと、間違ったこと、そのすべてから何か学べるかについて話す。意見の中には不愉快極まりないものもいくつかある」と認めている。しかしながら、長い目で見れば、わずかばかりの不快さも、見方を変え、状況や製品を考え直し、また会社を現実に目覚めさせる能力に対して支払う小さな代価であることも、ブラウンは承知している。再度、ボシディの言葉を引用しよう。「リーダーは自分の業績についての正当なフィードバックを受け入れる用意をしなくてはならない。むろん、優秀なリーダーはきちんとやってはいるが……」

好奇心と共感を持って深く聞く

リーダーが追求する次の方法は、前述したことの、ごく自然な延長線上にある。会社が直面している現実を理解するために、リーダーは好奇心と共感をもって、そうした理解に貢献できる全員の話を心して聞くべきなのである。

私が懇意にし、ともに働いてきた偉大なリーダーはこぞって、自分には全ての解答がわからないだけでなくて、おそらく最高の答えすら知らないということに気づいているのだ。これらのリーダーは、やっつけ仕事で問題を解決するような、型通りのリーダーシップの姿勢を当然と思い込むような誘惑には抵抗している。良いリーダーは質問に即座に答える代わりに、むしろ質問する側に熟考を求めすらする。それは、ソクラテス以降の教師やフロイト以降の心理学者が用いてきたのと同じ技術である。

いったんリーダーが問題解決者としての自分の限界を悟ると、もっと現実に直面すべく、真に熱心な聞き手になろうとする。限界に気づきそれを認めることにより、リーダーは、ついには問題解決スキルを高めるような新しい好奇心を芽生えさせる。共感する聞き手たるリーダーは、話し手の立場にある自分自身を想像することができ、これまで探求したことのない見地から現実を理解する。

リーダーがその組織の中での人間関係や社会的パターンを識別すると、熱心に聞く能力が最も価値ある手段であることを発見する。重要などんな問題点の議論においても、経営チームのメンバーの中には意見が異なる者がいる。もしリーダーがグループ内の集団力学に最大限の注意を向け続けられたら——誰が誰と口論をしているか、誰が特定の問題点に関しての協力を拒んでいるか、誰と誰の意見がいつも合わないのか、またいつもリーダーと意見が一致しないのは誰か、などに注意すると——リーダーは衝突する意見の下に横たわるものをよく見抜いて理解することができる。おそらく意見の不一致は現実に考慮している問題点に関してではなく、むしろ新構想をめぐる対立関係から生じているということなどもよくわかってくる。

◀◀ 次の章では……

そういうわけで、リーダーの最初の行動は、バルコニーに登り、広い角度からの展望を手に入れ、組織の問題の枠組みづくりをすることである。そうした展望から、適切な解決策を含む技術指向型の、また適応指向型の要素をよりよく考えることができる。

バルコニーに登って現実に直面するのはつらい仕事であり、しばしばストレスが溜まる。一度そこに至ればリーダーは、最終的には組織を正し、たたき直すための闘いを始めねばならないことがよくわかり、かえって、元気になるだろうし、後には引けないこともわかってくる。今やリーダーのゴールは、そのビジョンをめぐる価値観と、なぜ戦略に時間を費やす価値があるかを会社に伝えることであり、願わくば、さらにそれを現実に実行しうることである。私はこのプロセスを「状況関係《コンテキスト》」と呼ぶが、これが次の章で取り扱うテーマである。

第5章　真実の姿を伝える

リーダーは何ひとつ当然のこととして受けとめてはならない。とりわけ部下についてはそうである。カリフォルニア州サウザンド・オークスに本拠を置く生物工学の大会社、アムゲン社の会長兼CEOであるゴードン・バインダーは、次のように堅く信じていると言う。「上役の主な仕事は部下が仕事ができるように手を貸すことにある。自分が仕事をするのを助けてもらうのが仕事ではない」バインダーのこの言は正しい。にもかかわらず、多くの会社では社員は果たしてそのオーナーと同じ程度に企業のことをよく知っているかなどと質問攻めにされている。こうした会社は、「今やストック・オプション（自社株優先引受権）を持っているのだから、社員ももっと経営者よりの考え方をするべきなのに」と嘆く。このような会社は、株を分け与えることと、人々の考え方を変えることとの間には、天と地ほどの違いがあるのをわかっていないのだ。

社員に対して、いくら新しい情報と新しい経営の考え方とを統合するよう期待しても、リーダーが部下にも共有してもらいたいと期待している前提条件をきちんと方向づけておかなければ、どうにもならないのだ。言い換えれば、リーダーは一定の考え方の「状況関係《コンテキスト》」をまず設定しておかなければならない。それは大目標《アンビション》を明らかにし、それを達成するために必要な戦略を説明し、新しく提案している道筋がこれまで歩んできた進路とはどのように違うかを指摘する義務があることを意味する。ここで最も重要なのは、リーダーはその描く「大きな絵」と全体的なゴールを、それぞれの従業員の個々のゴールを明らかにする「個々の絵」に描き換え翻訳する必要があるということである。リーダーは働く人々全員の心の中にある、「変化が自分や自分の責任領域にもたらすものは何なのか」という問いに答える必要があるのだ。チェース・マンハッタン銀行のヨーロッパ、アフリカ、中東担当幹部のハーブ・アスプベリーは次のように語ってくれた。

リーダーは、なぜわれわれがここにいるかを伝える必要がある。このビジネスで、ここにいて、特定の顧客と特定の取引をする理由はなぜかを……。誰が顧客で、何が売ろうとしている商品で、どんな組織を作る必要があるのかを、明確化する必要がある。そしてこれらは、人々が自らを関連づけられる具体的なビジョンの中に組み入れておく必要があるのだ。第二の課題は、人々がこうしたビジョンを的確に共有し、実現に導くようにと動機づけることである。たとえ適切な製品を手にしていても、それを持っている人々が間違った態度でいるならば必ずや失敗する。リーダーとして成功するうえで中軸となるものは、そのビジョンを伝え、人々を動員する能力である。

こうしたコンテキストをマネジするということは、つまりは、会社が抱えている大切なものを伝えることなのである。しかしそれとても最初の段階にしかすぎない。

こうした最初のコミュニケーション活動に続き、リーダーには、企業の文化と活動の道標《みちしるべ》を強調する戦略を示す責任がある。これによって社員は、自分たちが新しいコンテキストにどのように適応しているかを評価できるようになるのだ。こうしたアプローチやツールがなくては、リーダーのアンビションに対する社員の支援を勝ち取るチャンスなどはない。加えて、示すべき新しいコンテキストに関してリーダー自身が明確で偽りのない見解を持たない限りは、いかなる組織もそのアンビションを成功裡に達成することはできない。優れたリーダーは、共有化した価値観、前提条件、そして見解など、過去と現在の状態に関する情報や、その潜在能力や、その潜在能力を手に入れるための仕組みなどだけでなくて、会社の関連データを通じて、巧みにコンテキストという新事態をめぐる前後の流れを伝えるのである。

人々の期待や信条は、各人の経験の中にとても深く刻み付けられているので、実際のところ、それは、われわれの人間としての根本的なあり方であるアイデンティティが統合化されたものだといえる。これらの信条は、考えうる限りのすべての出会いに影響を及ぼし、それが重要な会議であろうと、仕事上の打ち合わせであろうと、または冷水器のところでのちょっとした雑談であろうと影響する。もしコンテキストがはっきりせず、明瞭に伝えられていなかったならば、そのための明白な結果として、意見の相違が生じ、誰が何を何のために行なっているかについて、相反する考え方を導くことになる。そしてそこでは、混沌と混乱が広まる。

カリフォルニア州のクパティーノにあるアップル・コンピュータ社はその最たる例である。アップルがかつてコンピュータ界の寵児であったことは、その巨大で世界的なファン・クラブの存在からもうかがえるが、それが一九九六年までには最も熱心なファンからの人気さえ失うことを防げえなかった。アップルの深刻な問題とは、新しいOSを開発するペースがあまりにもスローだったことや、優秀な人材をかなり失ったことなどである。社内抗争に悩まされたアップルは、急速に成長するインターネットが果たした変化に、もはやついていけなくなったのだ。アップルが内輪もめと混乱の代名詞となったことは、周知のとおりの嘆かわしき悲しい事実である。

創立者で初代のCEOだったスティーブン・P・ジョブズが、顧問という変則的な地位に指名されて初めて、会社の運勢は上向きだした（後に、ジョブズは「暫定」CEOと命名されたが、その年の初めにジョブズは、「暫定」を捨て去ることによってアップルにとどまるとの意思表示をしている）。ジョブズはアップルのすべての面に没頭し、マーケティング戦略から製品検査まで、ありとあらゆる会議に出席した。会社の活動を、集中すべき四つの製品カテゴリーに絞り込むことによって再構築し、プログラマーとアップルとの関係を修復し、働く人々にはストック・オプションの価格を再設定することによって利益になるようにした。ジョブズは、アップル・コンピュータのアンビションと、それを達成するための戦略を持っていることを明確にした。新しいコンテキストを設定し、社員に新目標を遂行してほしいことを伝えた。

コンテキストを設定して知らせることは実は大変果敢な挑戦であり、もちろん、事前に真剣に考慮することなしに着手すべき事柄ではない。もしリーダーが社内の致命的な欠陥に遭遇したり、抜本的なビジネス上の大問題を察知したりしたら、前章で説明したようにバルコニーによじ登らなくてはならない。そうした眺望のきく有利な場所から、日々の細かいことにわずらわされずに、リーダーは会社の全体像を眺めることができれば、組織全体がゆゆしき事態に立ち到っていることを判断できる。その場でこそ、新しく実現すべきアンビションや戦略を開発し始めることができる。そこから、リーダーは、目標を達成し、望むらくは、会社により明るい未来を招来するビジネス・モデルを再構築し始めることができる。

新しいコンテキストへの道のりは、リーダーにとってはこのうえなく明確かもしれないが、そうした計画を社員に伝達するときも、同じように明確なものでなければならない。次に来たるべき挑戦に立ち向かうに当っては、現在ジレンマが起こりつつある会社の問題、機会、そしてコンテキストを、各社員が十分理解することが不可欠である。それができる社員は、新しいコンテキストを先導するような戦略的洞察が極めて重大であることを了解する。なぜなら、それによってリーダーの新構想の背後で一致団結することができるからである。リーダーのコミュニケーションのスキルのすべてを投じて生まれる社員の支援がなくては、事は失敗する。テキサコのピーター・ビジャーが筆者との会話の中でいやいや認めたように、「『自分がスピーチをする』ことと『彼らが理解する』ことはイコールではない」のだ。

とくに、何百人、何千人の社員を持つ大組織が将来成功するには、コンテキストをしっかりと伝達し、共有化することが必須である。たとえリーダーがどんな技術を用いて新しいアンビションと戦略を創造し伝えたとしても、その目的は常に同じであり、組織のための首尾一貫して重要な新しいコンテキストを伝えることである。これは、将来の変化を示したミッション・ステートメント(任命記述書)を発表する場合でも、ショーマンシップを手際よく加えて高めた象徴的なジェスチャーを表現する場合でもそうである。これはブライアン・ニコルソン卿の例から学ぶことができる。

一九九〇年代の初めに私がロンドンでのブライアン卿の講演会に出席したとき、卿は英国郵政省の会長の職に就いたばかりであったが、現在はその地位から去っている。郵政省を引き継いだ当初、顧客も職員も誰しもが、郵便サービスの質が恐ろしく劣悪化していると異口同音に訴えていた。このスピーチの中で、ブライアン卿は、こういった状況を劇的に好転させるべく私とともに働いていくことを表明した。

五年後、ブライアン卿は組織を西側諸国の中でも最も顧客への対応の良い郵便局へと変えたが、私は、組織のコンテキストを組み直し、それが示す方向を伝えた彼の能力が、その成功の大きな要因であったと私は思っている。卿は、おそらく私が知っている中で、組織のミッション・ステートメントをオフィスにずっと掲げ続けた唯一のリーダーである。仮に午前三時にブライアン卿を起こして英国郵政省のビジョンとミッションは何かと尋ねれば、おそらく一字一句も違えずに、しかも情熱を込めて答えてくれるだろう。「明確でシンプルなビジョンを打ち出すこと。決して五〇〇〇語もあるような冗長なものではなくて……」と。さらに、「郵政省のビジョンは、顧客に導かれ、市場に動かされるものである」と続け、「人々を適切に訓練することを通じて達成されうる素晴らしいサービスを提供し、しかも利益を生み出すような公的サービス組織にわれわれはなりたい」と語る。

こうしたステートメントをつくるのは誰でもできるかもしれないが、ブライアン卿はその実現方法まで十分理解していた。広告と同じように、メッセージは一貫したものでなければならない。「メッセージを何度も何度も繰り返した……。どんな会合の場でも、私が最初に口にしたのはこのメッセージだった」と説明する。そしてブライアン卿は我慢強く、同じ単純な文言を繰り返すことにうんざりしないことを身につけた。一分間のプレゼンテーションであろうと、一時間の話であろうと、そのメッセージは常に変わることはなかった。こうした状況において、一貫していること、平易であること、反復することほど重要なものはない。人々はあらゆる種類の情報攻めにあっているので、優先順位を付けることはもはや不可能に近かった。情報過剰の洪水の中では、たとえそのメッセージが卓越したものであったとしても、聞き手はなかなか正しく応じてはくれない。

経験豊かなリーダーは、いかに頻繁に、また異なるやり方で繰り返して述べても、何人かはメッセージを聞いていないものだと思っている。また聞き手が聞きたいと思ったところだけを覚えていて、本当に伝えたいことを理解していなかったり、企図したとおりに行動しなかったり、さらに別な考え方をすることさえあることも十分承知している。そこでカギとなるのは、ブライアン卿が信じているように、「ビジョン、アンビション、メッセージは、単に筋の通った合理的なものであるというだけではいけない。頭だけではなくて、ハートで伝えるものでなくてはならない」。卿は次のように説明している。

こうした発信は、トップ・チームから始め、まず始めた当初、従業員を縛っていた三〇万項目にもわたる規則書に対抗して行なわれた。最初は全く何も動いていないように思えた。メッセージは、ただ知に訴えるだけではなくて感情面にも訴えるものでなくてはならなかった。歌うことが必要であったが、それもただ同じ賛美歌を繰り返し歌うのではなくて、生のままのビジョンを変わらざる情熱と活力をこめて歌い、教会の最後列にいる人々も聞き、理解し、それによって高められるように、歌い上げることが大事なのだ。

新しいコンテキストを設定するには、英国郵政省の事例のように、それが厄介な仕事上のルールであろうと、また職場環境についての時代後れの思い込みであろうと、古いコンテキストに自縄自縛になっているのを解き放たなくてはならない。

ピーター・ビジャーが後者の古い信念に捕われている例に遭遇したのはそんなに昔のことではなく、テキサコの業績が下がり始めたときだった。テキサコの社員は、原油が一バレル当たり一・八〇ドルで楽々と売られ、石油会社は油さえ噴き出せばたちどころに利益が出るような、一九八〇年に確立していたコンテキストを放棄しなければならなかった。当時は、量さえ大きければ、大いに利益を生む時代だった。多層構造の流通チャネルに依存するこうした数量志向のビジネスは、一九九〇年代の環境下で大きく様変わりし、効率性と費用効果性を必須条件とするようになっていた。社員の一人ひとりが新しい環境下での価値観を理解できるように、「組織の適正サイズ化」という変化したコンテキストを伝えることが業績回復の中枢にあった、とビジャーは言う。従業員が環境の変化に適応するよう支援し、伝統的な命令と統制の構造は、現場の人々が一層責任を負う構造によって取って代わられた。ほかのリーダーも、石油業界の内と外との両方から、こうした構造変化を支持してくれた。たとえば、ヤン・カールソンは、かつては権威主義的な会社のリーダーが、軍隊的な命令と統制というスタイルでビジネスのあらゆる面を動かしていた時代だと評している。今日、カールソンは、「命令と統制による組織は、顧客と戦争をするのに最適である」と皮肉っている。このことは次の事例によってもうまく説明されよう。

英国IBM社のCEOのニコラス・テンプルが、一九九三年二月に「IBMストーリー」と呼ぶ報告をマネジメント会議で初めて披露したときのことだった。それは私の言う「コンテキスト」を示す文書であった。一年前、親会社が五〇億ドルの損失を記録し、そのうちの一〇億ドルは英国での事業によるものであるとされた時、テンプルは変革のための青写真を提出していた。だがそれはごく限られた支持しか得られず、その実行も遅かったので、テンプルはＩＢＭのビジネスを危機へと導いている力と、今後起こりうる競争の本質の両方を、再考せざるを得なくなった。

二月のこの日、テンプルは、スティーブ・ジョブズ、マイケル・デル、ビル・ゲイツ、そして、もちろん、ＩＢＭの創設者のトーマス・ワトソンら、コンピュータ産業で成功した起業家たちが共有していた価値観を俎上に載せて議論した。いかにして関連市場が有機的な変化を遂げつつも根本においては成長しているかを説明した後、ビジネスのライフ・サイクルのさまざまな段階におけるコスト管理の難しさについても突っ込んだ発言を行なった。加えてテンプルは、分断化されていながらも、しかもそれぞれが高い競争力を持つ有機的な事業分野を統括しなければならないとき、そしてそれらがすべて一緒になって業界を構成しているときには、時代後れの命令と統制によるマネジメント・スタイルを用いることは到底不可能であることも明らかにした。要するに、部下のマネジャーに、皆が共通に理解すべき歴史的な分析を示したのである。そして、顧客と競争相手の力に関して起こりうる未来のシナリオを伝え、同時に、英国ＩＢＭの問題を解決する前提条件として、古い計画や行動や仕事のスタイルをどのように変化させせなくてはならないかも明示したのである。

テンプルのコンテキスト設定ステートメントが発表されてから数カ月以内に、英国ＩＢＭは三〇の新しいビジネス・ユニットを創り出し、伝統的に強かった財務と人事機能の力を制限し、本社管理の共通サービス部門を解体し、職員を三〇％削減した。その結果、一九九二年には赤字を記録したにもかかわらず、一九九三年末までに英国ＩＢＭは堅実な利益を上げることができた。テンプルのアプローチによって、マネジャーたちは各々の場で共有すべきコンテキストを生み出す手段を与えられ、英国の業務を好転させるための青写真をより深く理解し正しく認識することができた。賢明なテンプルは、変化のプロセスを説くという大きな課題に取り組む前に、部下の理解とそのコンテキストへの見方を変えなければならないことを、十分理解していたのだ。

コンテキストをマネジする能力、すなわち、社員を引き込んで総動員するような方法でビジョンを伝えることは、適応的変化をなし遂げるためのリーダーの能力の中軸をなすものである。ブライアン・ニコルソン卿によれば、「適応的変化への筋書き」づくりからすべては始まるという。一般的に、それはトップが提示すべき六〜一〇の問題点や新構想のことを意味する。これらが合わさった首尾一貫した筋書きは、ビジョンを達成するための計画となり、より大きな顧客からの反応を呼び起こすものとなる。こうした筋書きは行程を進める間に再考し手直ししなくてはならない。達成すべき目標を明確に示した予定表でなくてはならない。ビジョンを成就するための連続した出来事でなくてはならない。そしてリーダーは、この大事から気をそらすような日々の業務遂行上の圧力や応急処置などに時間を割いてはならないのである。

ゴールドマン・サックス・インターナショナル社の前会長兼社長で、今はＣＥＯである、ジーン・ファイフ以上にそのことを理解している人はいないといえる。

ファイフはゴールドマン・サックスの二億ドルのヨーロッパでの事業を、五年にして一二億ドルにも達するビジネスへと変えたのである。ファイフはこう述べている。

ヨーロッパでの事業拡大を始めたとき、新しく採用した人たちも、上級幹部も一般のマネジャーも、一様に新指導原理はマジソン街の広告代理店の連中の手によって適当にしつらえられたものだと感じていた。トップ・マネジメントたちがこれらの価値観に生き、これらの指導原理を持つことが、顧客や同僚への態度や行動の基準となることにようやく気がついて、新指導原理は初めて根をおろし始めた。

ある新しい上級パートナーが、重要な企業合併の話し合いですら、オペラに行く約束があるために切り上げなければならなかったことがあったと話してくれた。彼は顧客がそのオペラのチケット代金を払ってくれているとしか聞かされていなかった。顧客がなくては、そもそもゴールドマン・サックスのような銀行家なども必要ない。顧客こそがボスなのだ。顧客こそが、たとえばこの光熱費を払ってくれるのだ。質の良いサービス、倫理性、そしてプロとしてなしうる最高の仕事を提供するのが、われわれの責任である。新指導原理は組織のあるべき資質と行動を推進してくれる。

ファイフがゴールドマン・サックスの指導原理へのコミットメントのあり方を説明しているのを聞いていると、社員としてはこれらの価値観とともに生きるか、それに適合しないかのいずれかしかないことは自明の理であった。もっと直截に言うなら、ゴールドマン・サックスのビジョンと価値観に見合わない人間は、最先端を走り、顧客への対応に敏感で、チーム志向のこの銀行で長くは耐えられないということである。

ビジネスの歴史をひもとくと、リーダーが指導原理を明示したり、アンビションが達成されるようにコンテキストを設定したりすることに無能であるがために生じたひどい結果の例が、そこかしこに転がっている。これを換言すれば、マネジャーと社員が首尾一貫した指導原理を繰り返し教え込まれるような方法の中でしか、リーダーは真実の姿を伝えることができない。記憶に新しい大失敗として、一九九七年の暮れに一四〇億ドルの一応対等合併と称されるものによって生まれたセンダント社の例が挙げられる。この大失敗は、一面、大規模な不正会計に根付いたものであるが、これにより大きくもてはやされた合併は台無しになってしまった。別な原因としては、ディール・メーカーのトップが、合併後の会社が業務を行なう際の指導的価値観を打ち立ててはっきりと表明することに、失敗したことによる。

センダントは、クレジット・カード会社を通じて売られるショッピング・クラブの会員権を扱うコネチカット州のCUCインターナショナル社と、不動産仲買業やホテル業やレンタカーの代理店業を含むいくつかのビジネスのフランチャイザーであった、ニュージャージー州パーシパニーのHFS社との、計画性のない馴れ合いの結果によって生まれた。《フォーチュン》誌も述べているように、あとで発見されたCUCの不正会計がなかったとしても、この組み合わせは「起こるべくして起こるのを待っていただけの大災害」そのものであり、というのもHFSとCUCのリーダーシップのスタイルは、会社自体もそうであったが、正反対のものだったからだ。

HFSを率いるヘンリー・シルバーマンは押しの一手の人物で、統制志向のディール・メーカーで、《フォーチュン》のピーター・エルキンド記者によれば、会社の文化や価値観や社員の意識などの「ソフト」面の問題点にはほとんど注意を払わない。CUCはウォルター・フォーブスによって率いられていたが、彼は、他方、夢見がちで私心がなく、自分自身を予言者《ビジョナリー》だと思っていた。フォーブスは決して現場における実践向きのリーダーなどではない。シルバーマンとフォーブスの唯一の共通点といえば、ウォール・ストリートの投資家が切望している、より大きな成長率と高い株価収益率を生むことに特大の欲望を持っていたことくらいであったと思われる。かりにあるべきコンテキストが設定されていたとしても（ほぼ間違いなくそんなことはなかったと思うが）、それが一体どんなものであったかを想像するのはまったく困難である。いわゆる「対等合併」でありながら、文化とリーダーシップ・モデルが一八〇度かけ離れている中で、どのようなビジョンと経営原理が、合併した会社のアンビションとそこへ至るための道のりを示すというのだろうか。シルバーマンとフォーブスの性格と業務遂行スタイルをざっと見ただけでも、会社が徹底的に変化しない限りは、どちらのトップについても、もう片方の業務遂行を監督するなどということが土台無理なことはすぐに納得できる。だから結局いずれかのリーダーがより大きな権限を持ったとしても、はなから失敗は避けられないように見えた。経理上の不正の発見は、単に起こるべくして起こる大災害の発生時期を早めたにすぎなかったのである。

そのはじまりから、この合併交渉は根の深い問題を抱えていた。その一つは、権力構造に関してフォーブスとシルバーマンが合併した会社を交替で経営するよう同意したことである。経営チームもしかりで、権限をもったり手離したりすることが決められた。もう一つの理由としては、センダントが、ニュージャージーとコネチカットという二つの異なる州にそれぞれ会社本部を持つ構造となったことがあげられる。さらに、失敗にとどめを刺したのは、シルバーマンが会社全体を経営しているときでも、フォーブスのマネジメント・チームが依然としてＣＵＣを経営し続けていたことである。別に後知恵によらずとも、合併時のこのような取り決めがほとんど実効力を持たないことは明らかで、こんな簡単なことがシルバーマンとフォーブスにとってわかりきったことではなかったことの方が、むしろ驚きである。しかしこの奇怪な合併協定は、その後まもなく勃発する苦々しい経営者同士の衝突の、前奏曲にすぎなかったのだ。

ＨＦＳ集団はＣＵＣのマネジャーたちを不注意で怠惰で無能だと見なし、フォーブスのチームはシルバーマンとその部下たちを横柄で官僚的だと考えた。恋愛結婚でもないので、蜜月などは望むべくもなく、これの奇妙な馴れ合い同士が、戦略や文化や業績を測る尺度などについて同意できる望みはこれっぽっちもなかった。これらの里程標がなくては、リーダーは従業員の考えや心を摑むことなどできない。シルバーマンとフォーブスが、センダントのあるべきビジョンについて同意しておくのを怠ったことは、火を見るよりも明らかであった。誰にとってもひどいビジネス処理であり、それは一九九七年の所得再申告によって一層悪化し、株価の急降下を引き起こした。両サイドからの非難の応酬が相次ぎ、会社からフォーブスを追い出すための四七五〇万ドルの相手株買取で争いは頂点に達した。株主訴訟が起こされ、政府の調査が結果としてそれに続いた。とりわけ意味深かったのは、シルバーマンがCUCのビジネスを売り払うことによって合併を解消しようとしたことである。一九九九年になると、センダントは、会社にはびこる不正会計について訴えた株主の集団訴訟のかたをつけるのに、二八億ドルを払うことに同意した。それは株主の集団訴訟における最大の和解金額であり、ヘンリー・シルバーマンが「もっとも不幸な出来事」と控え目に呼ぶ事件は終わった。

センダントは極端な事例かもしれないが、それでもやはりリーダーが新しいコンテキストの設定に失敗したときに会社が駄目になることの有力な例証ではある。問題が大型合併だろうと、買収だろうと、季節の販売計画の実行であろうとそれは同じである。社員は目標と戦略を理解することなしには、コンテキストを定める責任は負えない。社員は会社の一番良い状態を心に描けなくてはならない。また、そうしたビジョンの結実が自分たちのやり方次第で決まることが認められなければならない。そこではじめて、人々は「私の責任範囲内でできることは何か、私の優先順位をどう形成したらよいか」を決めることができるのだ。

ハニーウェル社をもうじき引退するラリー・ボシディが言っているとおり、社員は子供扱いされることを好まない。「社員は、組織がどう動いているかについて間断なく伝えてもらいたいのだ。また自らのスキルの基盤となるものを広げたいのだ。働いている会社運営に関与するチャンスが欲しいのだ」つまり、人々はその会社で起こっていることに関して教えてもらいたいし、それに貢献する機会を求めているのだ。そして、よいリーダーがそうしたチャンスを与えたときには、必ず約束を果たす。人々は、何が期待されているかだけでなく、なぜ期待されているかを理解すれば、リーダーのビジョンをより短時間に実現するのだ。ボシディの意見では、社員は「ゴール・ライン」を明確にしてくれることを好み、「それを達成した暁には、一旦立ち止まって、『やったぞ、これぞ勝利だ』と言うこと」を望んでいるという。ボシディは、リーダーがコンテキストを設定しなくてはならないと信じている。それは第4章で紹介したようにヤン・カールソンがSASで苦闘した時に、会社全体のサービスに焦点を当て、第一線で働く人々の責任を増やすという考えを裏付ける合理的な理由を示したのと、まったく同じなのである。

カールソンは、SASの一〇〇〇万人の顧客のそれぞれは、平均して同社の社員五人と、一人当たり一五秒接触するもの、と計算した。短時間とはいえ、これらの接触は大変重要であり、カールソンがこれを「真実の瞬間」と呼んだのは、顧客が航空会社への好意を持つか持たないかがまさにこの瞬間に決まるからだ。社員に許された時間はたったの一五秒間だけであり、上司に相談する暇も、またその上の管理者のお伺いを立てる暇もないので、解決策をその場で決めなくてはならない。SASの顧客サービスに対するカールソンのビジョンは、意思決定の分権化を要求し、これは、さらに権限を第一線の全員に配分すべきことを意味している。こうしたコンテキストを管理するために、社員はステージの中央に押し出される。課題をより簡単に上手にさばけるように念入りな訓練をすることで、働く人々の会社に対する価値と重要性が初めて一般に広く認められることとなる。

シスコ・システムズ社のCEOのジョン・チェンバースは、自社の意思決定の民主化について、以前、《ニューヨーク・タイムズ》のトーマス・L・フリードマン記者にこう語っている。

今日のような物すごい経済速度の下における私の仕事は、ただたくさんの意思決定を行ない、多くの情報を集めることのみである。大きな戦略的意思決定をしたいが、その後に、もし意思決定プロセスをアクションに近い人々に広めえたら……自分のために働く何千人もの意思決定する人々を抱えることになり、市場を見逃さないためのより良いチャンスが生まれる。そこにはまた、いくつかの複雑な問題の正しい答えを実験して見つけるような、より良いチャンスもある。トップ・ダウンの意思決定は、市場がゆっくりと動いていたり、トップの人間がその指でいつでも〔会社全体の〕鼓動を感じ続けられたりするときにだけ通用するものであり、それは今日では大変稀なことになってきている。

社員について集中して考えることは、顧客を満足させたいと願う会社にとって、なくてはならないステップである。

ウォルマート社の創設者の故サミュエル・ムーア・ウォルトンは、顧客に対する社員の行動は、社員に対する経営者の態度を反映していると信じていた。SASの顧客のために社員に行なってほしいと思うことを、経営者は社員のために行なわなければならない、とヤン・カールソンはウォルトンの黄金律を応用した。ジーン・ファイフ（ゴールドマン・サックスの前会長兼社長）はこう強調する。「リーダーはクライアントや顧客のことを気にかけていることを伝えなければならない。これは心からのものでなくてはならず、口先だけであってはならない。組織は、顧客こそがビジネスを動かしている事実を胸にしっかりと抱きとめておかなくてはいけない。しかもこうした態度をすべての顧客一人ひとりに伝えなければならない」この彼の言葉はファイフが良いリーダーのコンテキストの管理の仕方をよく知っていることを端的に表わしている。

ヤン・カールソンはSASで、社員の戦略的変貌を促進するための集中的な教育を施した。そうすることで新しい枠組みの中で、全員がより大きい責任を負うことが期待されていることを明確にした。彼はこう説明する。「情報を与えられていない者は責任を負うことなどできない。しかしひとたび情報を与えられれば責任を負わざるをえない。一度ビジョンを理解すると、社員は新しい職責を積極的に受け入れ、同時に会社の中にもたくさんのエネルギッシュな渦が巻き起こる」

名だたるアメリカン・フットボールのコーチであるビル・パーセルズも、ニューヨークのコーニング社の本社での社員向けの講演の中で、カールソンの考えと同じ事を言っている。会長兼CEOのロジャー・アッカーマンに招かれたパーセルズは、フットボール場での勝利への戦略をこう語った。「アメフトで勝利することは、これはなんにつけても同じだと思うが、全員に同じ発想を持ってもらうことであり、その場にいる全員の能力を最大限に引き出すことである」社員が「自分にとってこうした変化にはどんな意味があるのか」と質問するとき、それは結局は社員が自分で答えを出すべき筋合いのものなのだが、リーダーは明快な理解できる形で必要としている情報を与えるのに苦労するかもしれない。しかし、それでも新構想への支援を勝ち取るために必要なエネルギー、説得力、信念をつぎこんで、そうした説明を何としても行なうべきなのである。しかも、「なにかと後戻りしやすいものなのだ」とオーシャン・グループの前CEOのニコラス・バーバーは注意を促す。

ここで「『自分がスピーチをすること』と『彼らが理解すること』とは同じではない」というビジャーの言葉を思い出すが、バーバーは次のようにも指摘している。「コミュニケーションができていないときにも、コミュニケーションができていると思い込みがちだ。実際に聴衆が何を聞いたかを理解する方法を創り出す必要がある——あなたが何を言ったかよりも、そのほうがずっと大事なのだから。絶えず、どれだけうまく伝えているかを測る必要がある」リーダーは人々を動機づけるようなビジョンを示す責務があるだけでなく、聴き手がこちらの意図するものを正確に受けとめているか否かを確かめなくてはならない。コミュニケーションの最初の段階ではとりわけ難しいが、特に新しい戦略が分権化を要求するものであったり、そのために社員が意思決定をめぐってさらに重い責任を負ったりする場合は容易ではない。

リーダー自身が大組織のメンバー全員に会ってその反応を確かめることができるだろうか。もちろん無理だ。しかしリーダーとしては、コミュニケーションのためには利用可能なチャネルをすべて必ずその視野に入れておかなければならない。社内のコンピュータ・ネットワーク、有線テレビ、個人でのプレゼンテーション、小さな会議などは、リーダーのアンビションとそれを達成するための計画を伝えるために用いることができる。ブライアン・ニコルソン卿はこう語る。「大組織においては、解決していないのに終わったと思うことがある。誤った方向に二〇〇〇人のマネジャーを送り出し、二、三年後に間違いに気がつくのだ。そうした際に反省してみると、メッセージの意味は薄められ、課題もバラバラにされ、実行計画も元々のアンビションとはかけはなれたものとなったことに後で気がつく」だからこそリーダーは社員にメッセージを伝える機会を絶対に失ってはならないのだ。

もちろん、直接会うことはいつでもより有効なので、可能な限りそうすべきである。また、メッセージを伝えるためのこった方法よりも、シンプルで直截なプレゼンテーションそのものの方がより重要である。あらゆるレベルにおいても会社の戦略が徹底的に高度に理解されていることは、組織が健全であるためには欠かせない条件である。曖昧で、不必要に複雑なものからは何も得るものがない。

カールソンは、つねに単純明快であることを信条としていたので、社外へのコミュニケーションでもこのアプローチを採っている。広告でも広報でも情報を率直に伝えるようにと彼は主張している。たとえば、「スウェーデン人に世界を」などというような無意味なスローガンを避け、代わりに、旅行客をひきつけることを企図した、実践的で、受けがよさそうで、情報を与えるような文言を選んでいる。「並んでお待ちになる必要はありません」や「ビジネス・クラスのチケットでファースト・クラスにもっとも近いサービスを」がその最たる例である。

薄っぺらに見えたり、本当の話を茶化してショーに仕立てたりしない限り、ショーマンシップにも出番はある。常に、リーダーの使命は熱意とやる気をもって聴衆に戦略を紹介し、その心を動かすことである。リーダーは単に聴衆に話を聞かせる以上のことをしなければならない。聴き手の心に火をつけなければならないのだ。

等しく重要なのが、矛盾するようなメッセージを発信しないこと、自家撞着に陥るような広告を出さないことである。リーダーは有言実行を通じて、会社の気風を定めなくてはならない。良いリーダーは社員とウォール・ストリートのアナリストに、それぞれ矛盾するようなことを言ったりはしない。社員とリーダーは無意識的に、リーダーの指揮や振舞いに大きく影響され、それがトップの経営者から平社員まで、会社全体に浸透する感情と態度を決定づける。

それでも今なお、多くのリーダーは、深い考えもなしに、その立場から得られる特権を享受している。精巧な調度品つきのオフィス、個人用のダイニング・ルーム、リムジン、社用飛行機などは、会社のトップの人間のための贅沢である。しかしながら、リーダーが会社の官僚制度をこわして平準化し、決定責任を再配分しようとすれば、これらの特権の持つ意味を再考しなくてはならない。SASの総指揮をとる前にヤン・カールソンは、スウェーデンの国内線の航空会社でSASの傘下にある、リンエフリュクの会長を務めていたことがある。彼には広くて、風通しが良く、眺めも素晴らしく、また八席もある個人用のダイニング・ルームに隣接したオフィスが与えられていた。カールソンはこれらの特権が、トップとしての自分のあり方や考え方に関して、社員食堂で食事をする社員たちに誤ったメッセージを与えるものと判断した。個人用のダイニング・ルームをオフィスにし、以前は広々とした個室だったところを全社員が使える会議室へと変えた。そして、彼と経営幹部連中も社員食堂で昼食をとることにした。カールソンがこれらの改造でもくろんだのは、「リンエフリュクではみんな同じ仲間だ」というメッセージを働く人々に伝えることだった。指揮系統をフラットにすることによって働く人々との新しいコンテキストを創り出し、お手本を示すことによって、リーダーも会社のイメージづくりに貢献するという信条を強調したのである。

最初に述べたように、リーダーが新しいコンテキストを設定しようとする試みも、会社が現在置かれている状態とその未来計画が社員に完全に伝わっていなければ、何にもならない。そうしたメッセージを補強する一つの方法として、コンテキストをめぐる文書を発表したり出版したりすることもよい。ニック・テンプルが会社の変化についての自らの青写真を支持してもらうために使ったのが、「ＩＢＭストーリー」もその一例である。

リーダーがそのコンテキストを説明するために、口頭によるプレゼンテーションや、パンフレットや、小冊子や、一連の会議など、たとえどんな手段を選ぼうとも、それには会社の戦略と競争の歴史の全体像を含めることを、私は強く推奨したい。つまり、会社のコンテキストを以前のそれと比べてはっきり述べよということである。

コンテキストを説明する文章の中で最も重要な部分は、現在のビジネスの状況と、なぜ早急に変化を必要とするかを扱う個所である。ここでこそ、リーダーは、未来の経済的・技術的・政治的なトレンドの中で会社に大きくインパクトを与えそうな条件を指摘し、したがって、新しいコンテキストをやむにやまれず打ち出すのだと言うことができる。その文言は、経営計画に関して社員を教育するだけのものでなく、人々を導いて今後の来たるべき挑戦に立ち向かわせるものでなければいけない。

リーダーは新しいゴールと新しいアンビションを明瞭に説明しなければならない。上から一方的にまともな説明もなく押しつけられたものが、ベストを尽くすよう働く人々を動機付けることなどない。

▼真実の姿を伝えるには

以下、いくつかの考え方を述べよう。

コンテキスト説明書を作る

現在と未来の現実を社員に伝えるために、リーダーは、新しいコンテキストの設定を必要とする理由と、その内容をわかりやすく詳述したコンテキスト説明書を作るべきである。これによって実際上も比喩的な意味でも、全員が「同じページ」から読み進めることを確実にする。コンテキスト説明書のもつべき五つの要素は以下の通りである。

1　会社の歩みにおいて重要な里程標であった戦略と、財務面と文化面での競争の歴史。
2　会社をとりまく現在のビジネス状況。
3　会社の未来に影響を及ぼしうる市場、顧客、経済、技術、政治などのトレンド。
4　リーダーとして会社に望むアンビションがどうしても必要なことの説明。
5　それにより個々の社員がそれぞれの領域で責任を担うことが重要になることの意味。

コンテキスト説明書はリーダーが本当になすべき仕事の重要な一面を表わしたものなのだ。

リーダー自身への信頼感をマネジする

「信頼感をどうマネジするかは大問題である」とフィリップス・エレクトロニクス社の会長兼CEOのヤン・ティマーは語る。もし信頼されなければ、人々はついてこない。そうなれば、部下は行動しないし、アンビションも達成できない。言行の不一致は、信用を失う原因となるので、リーダーの言動は全員に絶えず見られているものと考えなくてはならない。金融アナリストや、株式市場や、社員や、顧客をばかにしたり欺いたりしてはならない。つねに正直でなければならないのだ。

成功するリーダーは誰でも、信頼感と信用に代わるものがないことを熟知している。現場の人間が「ピンチになったとき、私に何を行動してもらいたいのか」と尋ねたとき、リーダーは、簡潔で、明快で、首尾一貫した答えを出す必要がある。もしリーダーの回答が、相手や状況によってくるくる変われば、リーダーは威信を失うことになる。自転車レースのことを考えてみよう。競技者は一定のペースを保っているつもりでも、そのミスははっきりと目に見えてくる。社員と働く人々と顧客は、リーダーが抱えている価値観と視点を知りたがり、特に財務状況がよくないときはそれが顕著となる。というのも、そのときにこそ人々は組織のアンビションを達成するのを助けようと、いわば感情面での投資をしてくれるからなのだ。

人々の期待をマネジする

「最初に伝えたことを自問自答せよ。頼みすぎたり、約束しすぎたりはしていないか。後退を余儀なくされることを、人々に十分警告しているか。人々の期待をマネジし、人々に直面している課題を理解させることは重要なことである」とティマーはアドバイスする。

次の章では……

適応指向型の仕事は重要な組織間の関係においてつねに様々な変化を要求する。結局のところ、これらの内部の関係が会社のあり方を決めるのである。さらに、新しい状況に適合する価値体系、すなわち、前章で会社文化として述べたことが、明確に定められなければならない。現在の価値観を綿密に検討すれば、変更の必要があることがおそらくわかってくるだろう。しかし、根強いこれまでの価値観と信条も、熟慮なくして捨て去れるものではない。価値観が衝突するとき、葛藤が噴出する。突然、新しいアンビション達成へと向かう道に不必要な障害が現われてくるのだ。このような状況をいかに無害化するかが次章の中心テーマとなる。

第6章　競合する価値観を明確化する

一九九四年に、ルード・コジャックは、大手会計企業のKPMGインターナショナルのオランダ部門であるKPMGオランダの会長になった。彼はすぐに会社がトラブルの渦中にあることを実感した。それも単に成長を維持するために参入すべき正しい分野が見つからないなどという類のトラブルではなかった。コジャックは、会社の本質的な構造に原因があるとの結論を下さざるをえなかった。その構造は、会社の中核をなす価値観の産物であり、KPMGが企業として発展し成長することに貢献もしてきたが、現在のグローバル経済下においては、変化してゆく現実に会社が適応することを妨げていたのだ。

問題となった価値観とは、個人主義であった。個人主義の価値観は、KPMGが急速に利益を上げて成長するのには役に立ったが、新しい戦略を成功裡に実行させるには、協働と集団行動能力が必要だったのである。会社には実際上、真のパートナーシップとよべるものはなく、むしろ個人組織の寄せ集めであり、一人ひとりのパートナーがそれぞれそれを経営をしていて、組織全体の利益ではなくて、それぞれが自分の利益を上げることに専念していた。だがこうしたKPMGの起業家精神的風土が本質的に悪いわけではなかった。事実、全くその逆であり、それは何十年にもわたり申し分なく機能してきており、並外れた成長の原動力となってきた。しかし状況は一変し、新しい構造と新しい価値体系がなければ、会社が成長する可能性はないとコジャックは確信するに至った。そしてパートナーたちが、このような抜本的な構造改革という考え方を決して受け入れないことも、同時に確信していた。

コジャックは三〇〇〇人の全パートナーを集めた会議を開き、その席上、会社の歴史、現在の状況、今後の事業の見通しを再検討した。そしてパートナーたちに、こうした状況にどのように対処していくつもりなのかと問いかけた。続く討論を通じて、彼はKPMGの抱える諸問題の解決策をはっきり表わすことに焦点を絞るのが肝心であることを納得させた。ルード・コジャックは説得力のある人間なのだ。三〇〇〇人のパートナーがそこで同意したのは、向こう四カ月間に一〇〇人のボランティアが、その時間の六〇%をこの改革に捧げることだった。その使命はKPMGを徹底的に作り直し、数十億ドルの新型ビジネスを見つけることだった。

未来を発見し、KPMGを作り直す任務を引き受けたボランティアたちは、一二人の上級パートナーの統率の下に一四のタスク・フォースを結成した。かくして、現在の企業文化の基盤にある価値観と、会社が成長するのに不可欠な価値観との間に深い亀裂があることを発見したのである。一方に、業務を遂行していく上で、個人主義、起業家精神、権威主義の元となる旧来の価値観があった。他方、新しく要求されていたのは、集団的で、一人はみんなのために、みんなは一人のためにという、お互いに依存するチーム・アプローチの基盤となる価値観であった。問題の研究に関与したパートナーは、新しく生み出した戦略が成功裡に遂行されるためには、後者の協働化という選択肢が必須であるとの結論を下した。

これを受けて、一〇〇人のパートナーはうちとけあって、自分たちを自称「進化論者」であるとして新しいやり方を楽しむことを心掛けた。その発表の中で、現在のファームを、大きくて、ぎこちなくて、眠そうで、だがその眠りを妨げようとするいかなる生き物をも攻撃するカバになぞらえている。新しいKPMGのイメージは、熱心に学習し、グループのみなと泳ぐことに幸せを感じる陽気なイルカとして描き出されている。会社のフォーマルな服装規定も廃止し、その夏、KPMGのオフィスには、バミューダ・パンツとTシャツに身を包んでリズミカルに歩く姿が溢れた。KPMGは地味なオフィスというイメージが長いこと染みついていたので、そうした考え方を払拭するための努力の一環として行われたものである。

こうした変化が進むにつれて、チームは約六億ドルもの新しいビジネスの機会に目星をつけることができ、さらに二億ドルもの事業機会を生み出した。また、会社の新しい目標を維持し続けるための異なった価値観を形成することも先導して行った。この新しい価値体系の下では、最も創造的な精神の持ち主は、たとえ組織の階層構造のどこにいようとも正しく報われ、それまでは高い地位にあるマネジャーにのみ向けられていたような敬意も大いに表されるようになった。この新構想が発表されると、ミドルの地位にいた人間たちの間に、まったく新たな自信が生まれた。それまではあまり熱心ではなかった人々が、機会を見つけ出す人間や、成長しようとする人間へとみるみるうちに育ち、世界中で新しいビジネスを発見する練達の士になったのである。

こうした新しい方向づけを指導していた私にとって、ある若い会計士が、様々な新しい機会をめぐる複雑な状況を、上級パートナーのグループに鮮やかに説明している姿を眺めた時は、非常に感動した瞬間であった。これらの六十数人の男（まさに全員男であったが）もその講師に深い感銘を受けていた。その講師というのはまだ二〇代の若い女性であり、彼女は熱心に聞いている上級パートナーたちが一年前ならば到底認めなかったような権限と権威を持って語っていたのだ。

適応指向型の仕事は、リーダーに組織内部の仕事を変えさせることを要求する。それは、マネジャーと従業員、社員と社員、社員とその仕事との間の関係を変化させることを意味している。それはまた、これらの関係を特徴づける価値観が決定づけられ、それによって、なぜ特定の行動変化がまさに今この時に要求されるのかが社員に伝えられるべきことをも意味する。

この章においては、適応指向型の仕事の本質的な要素を議論し、会社の中で競合する価値観、すなわち、過去にはうまく機能した価値観と、未来の問題を解決するのに必要な価値観を、いかに見いだすかを示したい。その際、すでにそれを行なった大手企業の例を挙げたい。

さらに論を進める前に、次の一つのことを理解しておいてほしい。筆者が価値観という言葉を使うときは、全従業員が仕事上での行動の指導原理として受け入れることになるような、はっきりと理解できる実践的な価値観という意味で用いていることである。それは毎日の成功のカギとなる要素に注目した実用的な価値観であり、日々の意思決定を助けて摩擦を解消するような具体的な価値観である。

個人的生活の中では、われわれは皆、価値観をあれこれと区分化する傾向にある。時として、自分で選んだ価値観にだけ従って行動することもあれば、私が「影の価値観」と呼び、仏教徒が「近くの敵」と呼ぶものに従うことによって、価値観の本質を否定してしまうことさえある。たとえば、真の価値観が〝同情〟であるならば、その「近くの敵」は〝憐憫〟である。誰かに同情を感じるとき、苦しむ人と自分とを重ね合わせることで、人生の悲しみを分かち合う。しかし憐憫の情は同じ場に立った心からの同情ではなくて、苦しむ人よりも一段高いやや異なったところから情をかけてやるという悲しみなのである。

似たような種類の二元性は職場にも存在し、適応指向型の仕事の成否は、競合する価値観の選択いかんにかかっている。こうした際の選択が簡単にいかないのは、片方の選択が道徳的に正しく、もう片方の選択が間違っているというのではないからである。KPMGの場合、競合する価値観は個人主義とチームワークだった。別の会社の場合でも、程度の差こそあれ同じ問題を抱えていたりする。どちらの価値観も本質的には良くも悪くもないので、そこでの論点は、どちらのスタイルが考慮中の課題に取り組むのにより良く適しているか、である。深く根ざした価値観は、他の人間が正しい答えを見つけ出す能力を妨げうる。タコツボ的なものの見方は心の奥深くに刻まれ、さらに組織内で機能するコントロール・レバー（たとえば、給料体系、組織構造など）によって維持されているので、リーダーとしてはビジネスの指揮をとったり組織内の人間の仕事を明確にしたりするためのほかの方法などは、到底想像もつかないのである。

価値観とは、組織の中にいる全員の心情と精神に触れている深遠なものだ。理想的なあり方としては、適応指向型の仕事の中で、それぞれの人間が組織の新しい大目的と自分たちの熱意とを関係づける方法を探し、どこかの時点で、新しい価値観に自分を同一視することが望ましい。もちろん、組織には活力とやる気に満ちたリーダーと社員が必要であるが、彼らにとって、もし仕事が何らかの意味を持つものになるならば、組織の価値観との個人的なつながりを見つけ出さなくてはならないし、さもなくば、逆に受け入れられるように組織の価値観を変えなければならない。

こうしたことは、かつてはより簡単なことであった。従来は、マネジャーと社員はいわば一種の社会契約を結び、優先順位づけをしてある価値体系と、いかにして両当事者がこれらの価値観に即して生きるかについて、お互いに合意していた。社員は、勤勉に日々の労働を提供し、その見返りとして人並みのまともな賃金と労働環境を手に入れることに同意していた。マネジャーは厳しかったが、公平ではあり、「彼らの」部下のために真剣に打ち込んでいた。社員もその全キャリアを一つの会社に捧げ、その会社に打ち込んでいた。

今日、こうした社会契約は事実上存在しない。ここ一〇年間にわたるレイオフは、このような契約を過去の遺物としてしまった。そのうえ、フルタイムの従業員と同じ仕事をするが、給料も少なく手当てもいらない派遣社員が広く使われ、旧来の社会契約観念はすたれてしまった。巨大企業の中での上下格差は、ロイヤリティとコミットメントの両方を軽いものとしてしまった。多くの会社では、短期的な株価市場価値のみ重視して、働く人々を生産単位の部品と見なし、そのように扱っている。働く人間がもし所定の基準に達しなかったならば、その仕事を失うことになる。シリコン・バレー文化においては、人々は頻繁に職を変えるので、同じ会社に長期間いる人間をむしろ「変わり者」と見なし、三年間に三つの会社で働くことが名誉の証とすらされている。

短期的なアプローチは、規律と統制という要素によって、一応の結果を出すことができるが、たいていの場合、そこで出した結果もまた短期的なものでしかない。会社が今日のビジネス環境からの挑戦に直面して打ち勝つには、適応することを学ばなくてはならない。昔ながらの、厳しく接するというアプローチは変革には向いていない。そこでの価値観は、働く人々が新しい方向に向けて協力して行動する気になるようには設計されていない。

なるほど、古いスタイルで支配してきた会社のリーダーは自社の価値観をまとめたものを示すことはできる。たいていの場合、入念に書かれた文書になっていて、黄金製の額などに納まっている。こうした価値観は人事部と広告部の人間によって唱えられ磨かれてきた価値観であり、結局のところCEOからさしたる考えもなしに承認されたものである。

私は、よくクライアントに、自社の真の価値観と、行動の中核となる指導原理を詳細に述べてくれるようお願いする。すると、たとえば、ロンドン警察の本音の価値観は次のようなものだと説明してくれた。「上司がこうあってほしいと思うことを考え、それをすること」だが、これなどは壁に掲げられたり、職員ハンドブックに書かれている文言とは全く違う。

たびたび、クライアントはその価値観を思い出せなかったり、暗誦できなかったりする。決められた価値観がどんなものであれ、こうなると、全く一文の価値もなくなる。こうなると働く人々も、こうしたCEOと同じように、表向きの価値観などは全く気にかけていないことになる。組織の真の価値観、すなわち、日々働く人々を動機付けている信条や理念というのは、そんなものとは全く異なるものなのである。

近年、まだ未熟のものとはいえ新しい社会契約が増えている。会社のリーダーは、働く人々の会社や仲間へのロイヤリティが、集団行動の効率化というレベルにとどまらず、会社業績を究極的には左右することを、ようやく理解し始めている。このことは、社員の責任をより大きくすることが重要な役割を演ずるようなシステムを実現するべく、命令と統制による組織構造を徐々に減らそうとしている人々にとっては特に当てはまる。

一般的に、命令と統制による組織のリーダーは、すべての問題解決に自分で責任を持ち、社員を戦略を実行するためのコマだと見ている。そこでの会社文化の中心となる価値観は、服従と順応である。リーダーは社員に何をすべきかを命じ、マネジャーによって強制された文化環境内において、従業員にどうやるかを示すようになっている。このような会社では、人々は同じような服装をし、同じように振舞う。それに従わない人は警告を受けるが、それは間違いや規則を犯しているからというだけでなくて、会社の価値観への裏切り者だからである。こういう場では「異なっている」ことは価値としては認められない。

ここで想像してほしい。リーダーが、あるまじき財務結果を見て、お先真っ暗であることを認めたときのことを。役員会はコンサルタントを雇えと当人に納得させる。そのコンサルタントは、命令と統制によるマネジメントが時代後れで効果がないなどと主張する。また、コンサルタントは、今まさに社員との新しい関係を築く時であり、その中で働く人々が意思決定をもっと自由に行なえるようにし、各人の専門知識とアイデアを活かして、それを実行するための訓練を行ない手段を提供すべきだと意見する。そこでリーダーは、こうした新しい領域で業務を遂行しようと試み、社員たちにこう言う。「われわれはこうしたすべての素晴らしくて新しい情報システムを導入したのだから、会社を新しい高みへと押し上げてくれるような大きな機会を探すのは、諸君全員の責任である。問題が起こったら、いつでも話を聞いて手伝う用意はできているが、最終決定権は諸君の手に委ねてある。これらのシステムの助けがあれば、諸君の知恵を集めれば、正しい答えを見いだしうるものと信じている。すべては諸君の双肩にかかっている。ひとつ頑張ってやってくれ」と。

従業員は、もちろん、このような新しい役割を演ずる用意などできてない。違うルールの下で、違う土地でこれまでずっと生きてきたのである。従業員間の、またリーダー・チームとの間の関係は、何十年も前に会社が創設された当初に石に刻まれたままである。信頼、尊敬、コミットメントなどの持つ意味は、すべてマイナスの価値観をもつ言葉だとして身体に染み込んでいる。

こうした新しいマネジメント・システムの下で問題や機会が発生したときの結果は予測に難くない。会社の業績は命令と統制の価値体系の残滓によってハンディを背負う。不信感が拭えないのに、いったいどうして社員は、共通の大目的を目指すチームメートなどとして成功できるであろうか。疑心暗鬼を残したままでいるときに、どうしてそこで本当の尊敬など得られようか。

その結果、問題解決への基盤は崩壊する。社員はお互いに約束やコミットメントなどはしなくなり、約束がなくては、協力行動への肝心な保証がなくなってしまう。チームとして働く同意が欠けていては、業績改善に絶対に必要な新鮮なアイデアを生み出す動機づけなどできない。

もしリーダーがトップ・ダウンのマネジメント・モデルから脱皮しようとするならば、そして個人主義的、起業家的文化から協働型文化やチーム・ベースの業務遂行方式へ、あるいは問題への対応法として革新を必要とするようなあらゆる新構想へ転換することを企図するならば、抜本的な文化変革への準備をしなければならない。現在の価値観も、人々が引き受けるべく期待されている新しい責務に照らして、綿密に再吟味しなければならない。当然、考慮中の課題に対してより適切な価値観を選び、旧来のものを修正したり放棄しなければらならない。

私がクライアントの組織に、競合する価値観と、適応指向型の仕事の一部分としてその存在を認めることの重要性について説明するときは、通常、だいたい三〇ないし一〇〇人のさまざまな仕事をもつ人々にインタビューをすることから始める。まずは会社を支えている価値観について話すように求めるのだ。たいていの場合、その答えはこんな感じのものである。「顧客が優先順位の一番であり、顧客の話に耳を傾けます」、「チームワークが肝心だと信じています」、「同僚の見解を求め、それを尊重します」。その後で、会社が現実にこれらの価値観をどれだけ本当に達成しているかを尋ねると、こんな答えが返ってくる。「チームワークはかなり良いのですが、実態はそれほどではありません」または、「おそらく、かつてよりは顧客を大切に扱っているとは思いますが、立派だというほどではないですね」と。

こうした見地からひとたび会社が自問自答し始めると、表向きの価値観と会社が現実に実践している方法との不一致に光が当たり、共有化された価値体系上の欠落がハッキリしてくる。そこでようやく会社のリーダーは業績問題の根本にあるものを認め始めるようになる。

全社員のかたわらに四六時中座り、その決定や行動を逐次監督したり指導したりするわけにはいかない。又、社員たちは給料のために一生懸命働き続けているものと想定しておかなくてはならない。さらに、会社内で共有化された価値観を社員が、意識的にせよ無意識的にせよ、認めていることをあてにするしかない。もしその価値観が望ましい協働を達成するのに必要ないならば、また、もし価値観が正しくてもコミットメントを欠いていたならば、会社は適応指向型の仕事を成功裡に遂行することはできない。そんな旨い話はありえないのだ。

表向き表明している価値観というテーマに関してクライアントの会社にインタビューをした後で、組織内の仕事において競合する価値観があるかどうかを尋ねる。するとようやく、水門は開かれる。「始終勘ぐってばかりいます」とか、「トップ・マネジメントからいろいろ矛盾する信号が出されるのです」、また「みんな間違いを犯しても責任をとろうとはしません」などと言う。

ある石油会社の上級経営者に、会社内にある競合する価値観について尋ねたときのことを憶えている。この質問は彼をいたく興奮させた。「不信感！」と大声で叫んだ。「いたるところに。そこにかしこに」大またでドアに駆けより開け放つと、「臭うでしょう。わかるでしょう」と言った。「お互い、腹の探り合いばかりなんだ。だれ一人として情報を共有しない。全員が顔を伏せて、自分のやり方に従って動いているだけ」

この質疑応答のプロセスが終わると、多くの会社のリーダーはぶつかり合う価値観とその和解のさせ方について話す準備ができる。リーダーは次のような問いかけをすることで、社員の会社に対する態度について知り、それを真剣に受け止めなければならない。どんな行動ならしてよいと考えられているか。社員は同僚と会社全体に対して本気で取り組む気でいるか。また、会社の現在の価値観と、適応指向型の仕事に必要なチームワークを促進するために最適な価値観を、比較してみるとどうなのか。

個々の特定の問題ごとに決めるべき具体的で目に見える価値観は別として、私の調査によれば、効果的な協働の達成を狙っている企業文化の中枢には、衝突しているので適応が必要な次の三つの主たる価値観があることがわかった。そうした価値観の衝突の中には、もちろん、それぞれ競合する価値観が含まれている。信頼感対不信感、尊敬対軽蔑、本気対無関心という構図である。それぞれにおいて後者が悪であるということではなくて、ただ新しくなすべき課題処理に関して不適切なものであるということなのだが、通常これら核となる価値観の裏面の価値観は悪であるとされる。というのは、これらがリーダーのアンビションを達成するのを不可能にする否定的な雰囲気を創り出すからだ。

それぞれの競合する価値観について述べる前に、適応的変化と高業績を目指した協働化のために企業文化が丹念にデザインされている、二つの会社の例を紹介したい。上述の三つの主たる価値観とその裏面の価値観については、あとでそれぞれ一つずつに個別に見出しを立てて検討する。

一つ目は、フィラデルフィアに本拠を置くヘルス・ケア関連の複合企業で、一次医療（プライマリケア）、病院、ホーム・ケア、介護施設、リハビリ・センター、教育プログラムなどを手がけるアルバート・アインシュタイン・ヘルスケア・ネットワークである。数年前、急速に変化している業界で競争するのに必要な柔軟性を企業が失うことを恐れて、ＣＥＯのマーティン・ゴールドスミスは、アルバート・アインシュタインを新しい道筋の上に置くことにした。従来、会社は地域で最高の病院システムの立場を維持することに心血を注いできた。それは、特定の時点で埋まっているベッドの率によって判断されてきた。ヘルス・ケア産業の変化により、ベッドを埋めることが一段と困難になっていく中で、ゴールドスミスは、ネットワークは個々の患者の健康の増進によって判断されるべきだと主張した。そこで働く人々にも、たとえ費用がかかる新しい解決策であっても新しいゴールに向かって進むのに必要なことは何でもするようにと期待された。

ゴールドスミスは、こうした戦略は、組織内に存在する家父長的温情主義文化の中では達成されえないことがわかっていた。そこで文化と、その背後にある価値観の両方を変えることに着手した。たとえば、経営者を最高権威の象徴として見なすような価値観が、病院チームを編成している他の多くのヘルス・ケアのプロにはマイナスになっていたのである。これは簡単な課題ではなかった。指導原理として受け入れられてきた価値観というのは、その性質上、心に深く刻まれていて容易に変化することはなかった。この転換のプロセスには七年もかかった。しかしアルバート・アインシュタインはかつてより強くなって浮かび上がったのだ。

二番目の例は、アメリカ最大の自然食品販売会社のホール・フーズ・マーケット社である。一九八〇年にテキサス州オースティンの小さな市場でスタートしたホール・フーズは、四三の高級志向で環境志向の店を一〇州に持ち、年間五億ドルの収入を上げるまでに成長した。《ファースト・カンパニー》に、「民主的資本主義の中で最も急進的なビジネス上の試みの一つ」と紹介されたほどである。

ホール・フーズにいる全従業員は、生産、グロサリー、栄養、ベイカリーなどの一〇のチームに分けられている。それぞれのチームには選任されたリーダーがいて、仕事が終わった後に少なくとも月一回は会合を持つ。それぞれの店も月に一回は全体会合を持つ。働く人々は心配事や不平不満や提案を言うように期待されている。会社は定期的にそこで働く人々に、会社中の全店・全チームの販売と利益からサービスと質の点数に至るまですべての統計を発表する。ボーナスと昇進は、チームの業績が他の同じところと比較してどうかにかかっている。

「本部のオースティンから下されてくるルールなんてそんなにありません」と共同創立者で会長兼CEOのジョン・マッキーは言う。「チームの自主検討をいろいろと続けています。同僚間の圧力が本部からのお役所的圧力の代わりになっています」このことは、ホール・フーズの従業員が上からの圧力なしにチームワークという価値観を生きるよう望まれていることを意味しているのだ。

信頼感対不信感、尊敬対軽蔑、本気対無関心というこの三つの競合する価値観を吟味していく上で、アインシュタインとホール・フーズの例にはまた触れることにする。

信頼感対不信感

ここで述べる信頼感とは、なにも例の社会契約から一般的に連想されるような（たとえば、その信頼の一例として、組み立てラインの隣にいる人間の財布は盗まないというような）通常の信頼する気持ちのことではない。リーダーと協働者との間の経験が生む特定の信頼感について述べるものであり、それは、同じゴールを目指し計画を遂行するために情報を共有しながら、協力して一緒に働くことを可能にする。こうしたコンテキストの中にある人々は、自分たちの意見が聞かれ、真剣に受け止められていると感じる。ある人間が他の人々を信頼するのは、人々が持てる最高の能力を駆使して仕事の一部分をすることをその人間が知っているからであり、仮に問題が起こった際でも、勝手気ままにクビにされたり辱められたりはしないからである。別な言い方をするならば、チームとしての仕事を成し遂げ、集団としての名誉を得ることを望むということである。アルバート・アインシュタイン・ヘルスケア・ネットワークでの、適応指向型の仕事は、リーダーシップを担う幹部によって始められた。CEOのゴールドスミスが適応指向型の仕事を会社のもっと下の層にまで降ろす準備が整ったと感じるのに二年を要した。

ゴールドスミスと経営陣による会議では、価値観のリストが書き出され、検討された。二種類の信頼感がそのリストにあった。一つは、患者やサプライヤーから得たいと望む信頼で「われわれは正直な取引を通じて信頼感を高めるようにします」というものである。もう一つは組織制度それ自体の中での信頼のことで、「われわれはお互いを信頼し合います」という考え方の中に反映されている。

最初に、経営チームが、後には、社員チームが、いかにして様々な価値観を実践に移すべきかを決めるための会合をもった。これらの会議で、ゴールドスミスは率直さと寛大さを主張した。彼は競合する価値観と、求められている新しい価値観が個人の行動にどう表われうるかを討論するよう求めた。ある会合の中で、彼自身にチーム志向のアプローチが欠けていることが率直に指摘された。ゴールドスミスがそれを修正するのを喜んで受け入れたことで、信頼を築くことに成功した。

信頼感は、組織の異なる部署から集まった社員が初めて顔を合わせる、様々な分野にまたがるチームの会議においてもまた培われていった。何にもまして素晴らしいことは、ゴールドスミスの適応指向型の仕事のための基本的アプローチが、リーダーと働く人々との間の信頼感を築いたことである。当初、彼の計画に対する社員のうけはよくなかった。社員の半分は一五年かそれ以上もの年月働いてきており、古い文化の中でも居心地がよかった。彼らは変化を迎え入れたり、新しく発生するリスクを背負い込んだりすることを、喜ばなかった。

CEOの彼としては四の五の言わさずに計画を押し切ることもできたろう。でも、そうはせずに、社員全員に適応への新構想を提示し、対話を促進することにより理解を深めようとした。社員の全く新しい働き方への準備を支援するための、システムとコースを念入りに設計した。彼はゆっくりと慎重に動いて、変化に慣れ適応する時間を全員に与えたのである。こうしたアプローチにより、上司とそのポリシーを信頼するのがいっそう容易になった。

ホール・フーズ・マーケットでは、すべての業務遂行がチーム構造に基づいているので、チーム内の信頼度が高いことは必須事項だった。会社がそうした信頼感を築く一つの方法は、それぞれのチームに採用権を与えるというものだった。店長によってチームに推薦された候補者には、そして三〇日間の試用期間が与えられる。そのあと、チームメートの三分の二以上の賛成があれば、雇うことができる。こうした権限が、一体感と、チームとしてのプライドと、大きな相互信頼を築き上げている。

給料とボーナスの数字も、従業員に公表することになっている。こうすることによって、長い間全社中の社員の不信感の原因であった秘密性を取り除いたのである。こうしたデリケートな情報を円熟したやり方で扱うことはまた、働く人々の能力に対してこの上ない信頼感を表わすことになる。そして社員もそれに応えることになる。いったん隠し立てのない給料制になじむと、多くの社員は他の者の収入などにあまり注意を払わなくなる。

尊敬対軽蔑

適応のための価値観の二番目の核は尊敬心である。ここでもまた、信頼感の場合と同じく、友人や同僚の宗教的信条への感じ方や、また家族への気のかけ方や、禁煙の成功などについての尊敬心について言うのではない。そうではなくて、組み立てラインの隣にいる人間の能力や、チームのほかのメンバーが共通の課題に付加価値を与えることや、チームの業績に貢献することに対して感じる尊敬の念である。

アルバート・アインシュタインの場合、尊敬はその価値観のリストの一番上に位置し、こう記されている。「われわれは他の人々の仕事と、その考えに対して尊敬心を示す」それは経営者が同僚や部下に対して新しく尊敬心を示すことによって実践される概念である。さらにいえば、一片のメモを送りつける代わりに、電話の受け答えを活発にしたり、社内を歩き回ったりして、意思決定する前に頻繁にお互いの意見を聞きただすことでもある。働く人々は同僚の才能や知恵に対して新たな尊敬の念を覚え、そのことは、究極的には患者のケアに役立てうるアイデアや提案を共有化するプロセスの高度化につながっている。

ホール・フーズでは、経営者側は、店舗でチームや個人と進捗状況の測り方を共有する中で働く人々に尊敬を払う。「多くの会社においては、経営者側は情報をコントロールすることによって、働く人々をコントロールしている」とマッキーは《ファースト・カンパニー》の中で述べている。「情報を共有化することによって、運命共同体のビジョンに添って行動できる」言い換えれば、秘密を持たないという主義が、相互尊敬と連帯責任の文化に反映されているのである。

社員を動機づけ、尊敬しあう文化を補強するためにホール・フーズが用いている方法の一つに、本部や地域リーダーだけでなくて、他の店で働く人々によっても行われる視察システムがある。各店舗は三〇〇の基準で評価され、その結果はチェーン全店に配信される。チーム・リーダーと店長は、最高得点をとった店舗から最良の実践のアドバイスを求めるよう期待されている。従業員の給料とボーナスとキャリアは、これらの視察でのチームの評価と連動している。そしてチームのスコアは、共同の目標を達成するためのチーム・メンバーの能力いかんにかかっている。つまり、相互の信頼と尊敬のみが生み出せる努力奮闘によるのである。

本気対無関心

三番目の主たる適応化のための価値観は、コミットメント、すなわち、本気でやることを誓うことであり、先に挙げた二つの価値観の延長線上にある。ある人間が一緒に働く人々を信頼し尊敬すると、その人は共通のゴールを達成することに本気で取り組むようになる。経営側が大きな思い違いをしている神話の一つに、人は戦略に向かって労力を投じる、というのがある。実際は、人々は戦略に対してではなく、お互いに自分を投じることを約束するのである。人を本気で働かせるのは、リーダーの真の仕事なのである。

会議に出席した際に、終わりにリーダーが参加者一人ひとりにきっとこう尋ねていると思う。「じゃコミットして本気にやるね」もちろん、全員がイエスと言う。そもそもこの質問そのものが誤っているので、それへの答えも意味をなさない。このような状況では、だれもがこう言うに決まっている。「部長、お言葉を返すようですが、そうした聞き方ではまるで、こちらが本気で取り組んでいないというように響きますが」本当のコミットメントとは行動と業績によって示される。それは毎回の会議やプレゼンテーションやリポートのすべての中で示されているものなのである。

逆に、私は上級幹部が「ドックから」と呼ぶ方法で他の経営幹部に問題を指摘するのを再三目撃している。彼らは自分が責任を負わない問題や、幹部チーム全体が連帯責任をもつような問題を事細かく論じることには長けているのである。自分たち自身を問題の一部とも、チームの一員とも見ていない。ドックからの眺めというのは、強風と荒波の中でエンジンが故障したときに問題を解決すべく懸命に働いている船中のチームからの眺めとは全く異っているのである。ドックから、岸に直接逃げ戻るのはいとも簡単である。こうした態度はつねに経営チームの他のメンバーに見え見えなのに、自分中心で勝手な経営幹部は、いつでもこの逃げ道を使う。それから、その下の部長、課長などのミドル層も、この手をよく使う。

人々がチームを組んで働き、他の人々の意見を求め、決定に至るプロセスの中でも開かれた対話を行なっているときは、お互いに対して、従事している仕事に対して、会社のアンビションに対して、自分が真剣に取り組んでいることそのものを表明しているものだ。これこそまさに適応指向型の仕事そのものなのである。技術指向型の仕事では、解決策はより明瞭なので（外科医の例を思い出してほしい）、優先順位と価値観は全く別のものだ。

アルバート・アインシュタインでは、価値観のリストの中ではこのコミットメントが最も強調されている。「われわれは、組織とその価値観に忠実である」「われわれはお互いに信頼する」「支援を与え協働することによって、われわれはお互いにさらに強くなる」マーティン・ゴールドスミスは、彼自身が他の全員に要求されているコミットメントを率先して行なう真のリーダーであることを証明した。彼は適応的努力の中で、すべての階層の社員に接触し、その意見と不平不満に耳を貸し、彼らのことを真剣に働く同僚、彼の望み通りに熱心に支援してくれる同僚として接している。

ゴールドスミスにとっても、適応指向型の仕事に早い段階で加わることに尻込みしたり、気が進まなかったりした人間をあっさりと解雇すればその仕事ももっと簡単に済んだかもしれない。かわりに彼は、変革がスムーズに運ぶように研修と助言の場を設けた。上級幹部の何人かが変革に反対し続け、チームの一員として働くことを拒んだときは、ゴールドスミスは一切の躊躇も見せずに即刻、首を断っている。上級マネジメントの熱意がなくては、適応指向型の仕事は成功しないことを承知していたのである。J&Jのラルフ・ラーセンは、経営チームの中では、全員がしっくり来るまで適応的解決策にじっくり取り組む人物として知られている。そんな彼でさえ、「時間があまりない時には、人々を変える前にクビにしたこともある」と認めている。

ホール・フーズでは、チームへの約束を果たせないことは大罪である。数年前、マサチューセッツ州ケンブリッジにある支店のマネジャーのエイミー・モーギダは、ある候補者をチーム・メンバーとして採用しなかった。というのも三人のチーム・メンバーが彼について、顧客を前にしてもポケットに手を突っ込んだまま歩きまわったりカウンターにもたれたりしていたと非難したからである。チーム・メンバーは、お互いと店の価値観に忠実に従うことを約束していたので、その候補者の顧客に対する無関心さと尊大な態度に愕然としたのである。彼はそんなに悪いことをしたとは思わないと自己弁護をしたが、そうした言い方がかえって解雇への決め手となったとモーギダは語っている。その候補者はチームの価値観を身に付けることに失敗したのだ。

これらの例は、協働を達成し維持するためには、適応指向型の仕事の中で、いかにしてコミットメントが期待され必要とされるかを示している。変革を脱線させる無関心な従業員やマネジャーを野放しにしている暇などないのだ。

▼競合する価値観をいかに解消するか

会社が適応指向型の仕事を成し遂げるのに持つべき価値観とは何か。これから示すのは、ヒューレット・パッカードで重要課題についての戦略を決めるために採られている価値観についての考え方である。これは私が論じている意味での価値観というものが、本質的に貴重であるというのではなくて、特定の場合における会社の特定のニーズによって決まることを如実に示す例である。

J&Jとヒューレット・パッカードは、ルー・プラットが「巨大複合企業」と呼んでいるものであり、GEのように同じような独立性を保持しつつ社内で事業を行なう社内分社的組織を持ってはいない。一九九七年のプラットとのインタビューにおいて、HPは社内の各事業に関する戦略決定に苦渋していると語り、こんなふうに質問を投げかけていた。「われわれは各機能をうまく横断するビジネス組織を作ったり、うまく動く機能横断型のビジネス・プログラムを作るべきなのか、それとも、ビジネスの機会などは無視して、それぞれ別々の領域で今までのように成果を上げ続けるように導くべきなのかに悩んでいる」

プラットはリーダーシップ・スタイルを比較して、「ジャック・ウェルチ〔GEの会長兼CE

O」は、家電の人間をジェット・エンジンの担当者と協働させせようなんて、少しも考えない。それに対して……HPの各ビジネスはGEよりも、ずっと相互関係が密なのである」と語り、もっとHP内でのそれぞれのビジネスの独立性を高める動きにも機会を与えるという一方で、特定の専門領域をまたいでの協働に向かって動くことの優位性にも触れている。これらの価値観と、新しいコンテキストの確立を抑制したり妨げたりする逆の価値観とを、どうやって区別できるのか。二種類のリーダーのやりとりをフィクション仕立てにしてこの章を終わりにしたい。一人は新企業を立ち上げたリーダー、もう一人は大会社がスピンオフさせて作った子会社を率いるリーダーである。二人が示す異なる価値観は異なった状況に適用する。私はこれを組織間での競合する価値観にスポットを当てる一つのツールとして示したい。

価値　私は部下たちが問題を解決する機会を捉えようと主体的に取り組むことを期待している。ボールを摑み、走っていってほしいのだ。

逆の価値　もちろん、独立することも重要ではあるが、株主に対する責任もある。厄介な過失や失敗を予防する上で、本当の統制を敷き、道沿いにチェックポイントも設けなくてはならない。

価値　第一線の人々にも自信をもって欲しい。自信からリスク・テイキングが生まれ、それが成功を呼ぶのだ。

逆の価値　失敗は避けたい。業績を厳密に監視して、失敗は罰したい。

価値　社員の革新的なアイデアを尊敬している。とりわけ、市場に機敏に、即座に対応したい。実験し、適応し、また実験することが、他の人々に優るカギとなる。

逆の価値　まず、事実を見せてもらう。そうすれば動く前に分析ができる。スピードはいくぶん落ちるかもしれないが、徹底的にやらねばならない。なにしろ、大事な会社の名前と名声を背負っているのだから。

価値　最初に市場に手につけることがすべてだ。

逆の価値　背後に重味も権限も控えているのだから、時間をタップリかけなければならない。ひとたび転がり始めたら、だれも止めることはできないのだから。

価値　われわれと似たような新起業家が、メシを奪おうと手ぐすねひいて待っているのを知っている。われわれはいつもピリピリしている。幕が開いたらすぐに飛びつく準備がある。

逆の価値　リラックスしろよ。なぜ厄介事を自ら求めるのか。わがXYZ会社のやり方は長期的には成功している。慎重さは、大きな投資をするときにボートを揺らさぬための会社のモットーだよ。

価値　従業員に心の内を話すよう言っている。もし誰かがわれわれが間違ったことをしていると思ったら、聞いてみたい。もし誰かが素材を持っていたら、それを出してとことん議論しよう。

逆の等価値　もちろん、全員がそれぞれの意見を持つ権利がある。しかし食い違いを最小限に止めておけるならば、会社にとってそれにこしたことはない。とにかく、誰かがまっとうな問題点を指摘していながら、それが意思決定をする人間として訓練を積んだはずのチームによって考えられていないとしたらそれこそ問題だ。

価値逆の等価値　われわれは上からも下まで全員起業家の集団の会社である。確かに、起業家精神を持って働く人々は称賛に値するが、上級経営者から承認を得てシステム内で動かなければならない。チームワークとはそもそもそういうことなのである。

ビザ・インターナショナルの創設者で名誉CEOのディー・ウォード・フックの、価値観に関する言葉でこの章をしめくくろう。「組織の成功は、資産や専門知識や業務遂行能力やマネジメント能力などよりも、共有する目的や共同の原理、信条の強さなどがいかに明晰であるかに大きく依存しているのだ」

次の章では……

適応指向型の仕事の核心となるハートは個々の社員の胸の中で鼓動している。新しい価値観を受け入れることが、解決策を可能性の高いものにする。次章では、こうした新しい価値観を受け入れさせるために利用可能なテクニックについて説明したい。また、いかにして価値観を育てるかを示し、適応の追求によって変革を成功裡に成し遂げた会社の事例を数多く提供したい。

第7章　価値観の変化を支持する

本章ではまず、マットという名のリーダーを紹介させてほしい。会ったことはないはずだが、そのタイプならば憶えがあるのは間違いない。

大手企業の取締役副社長であるマットは、会社の全利益の四〇％を上げるある事業部門においてその売上げの三〇％に対して責任を負っている。チャーミングで、カリスマ性も持ち合わせ、生まれながらの話し上手である。会社でも最高の交渉者として認められ、現場のマネジャーを常に支援して、重要な取引の契約成立を助けている。この販売重視の組織においては、一日に一五時間も働くナンバー・ワンのセールスマンでもある。マットに与《くみ》する者は昇進し、そのキャリアの面倒も見てもらえる。CEOも何かをしたかったら、マットに課題を与える。というのもマットが最高の人材だからである。

しかし同時に、組織内の社員の多くは、マットの個人としての価値観に関しては根深い憂慮の念を抱いている。彼が同じ事柄に対して、会う人によって違う解釈をしていることを全員が知っているからである。また彼に逆らう人々は、報復を受けることを覚悟しておかなければならない。彼に同意しない人々は、その動機が何かを公的な場で問いただされることも十分予期しておかなければならない。しばしば、自分自身の筋書きの展開の邪魔になる同僚の決定に対しては、これを破壊しようとして、その恐るべき交渉術を発揮する。チームワークには何らの興味も示さず、個人の力の発揮と拡大のみをただひたすらゴールとしている。マットはチームメートとしては最悪の存在である。

近年、業界の変化が、会社の収益を厳しく圧迫してきている。役員もＣＥＯも、組織としてこうした新事態に適応しなければならないことを知っていた。マットの手腕は会社の短期的な危機を乗り越えるのには不可欠だと考えられていた。しかしながら、会社として長期的に業績を改善しようとするならば、そのマイナスの価値観は会社が採用すべき新しい価値観を明確にして育てるに際して明らかに障害物となる。

会社とそのキャリアの詳細に関しては若干変えてはあるが、マットは実在の人物である。私は多くの会社に助言をしてきた長年の間、彼のような人間に一人ならずと会った。彼らは時には組織全体を導くリーダーの役割に就き、そのために会社に大きなジレンマをもたらす。マッキンゼー社のマネジング・ディレクターのノーマン・サンソンは、顧客には支持されるが同僚からは疎まれている立派な上司がいて、ちょうどこのような苦境を実際に経験したと言っている。

サンソンは、この人物は社員への関心がさらさら無かったと述べている。非現実的なまでに高い目標を部下チームに対して設定し、それを達成するよう要求してはチームを虐待した。ある顧客の仕事完成の予定を繰り上げるために、チームに週末を仕事で犠牲にさせることなど何らいとわなかった。チームの力を伸ばすというよりは、むしろチームを自分の好きなように利用した。サンソンは、この同社のコンサルタントの頭が良かろうと悪かろうと、その行動は会社には合わないことがすぐにわかった。「知的な馬力よりも、人間の方がより重要であることを学ぶ」必要があると、サンソンは語り、さらに、こうも言った。

私は彼と一緒に働く準備はできていたし、できるだけの手助けをすることを明らかにしていた。

彼はとても頭が良いが、人々に情け容赦なく接することだけでは、もはや十分ではないことを学んだ。人がその役割や会社を変えることがないなどという時代はとっくに終わってしまっている。才能ある人々がここであれ別の組織であれ、一つの場でキャリアを築くという考えもまたなくなっている。リーダーはもはや部下に不変の愛社精神など期待できない。新しい人々に適応することが必要であり、何とか引きとめる手だても考えておかねばならない。

それは、人間と人間関係についての価値観に従って生きる術を学ぶことが、それぞれのマネジャーにとって必須だということである。もしこれに失敗したら、最高の人材をとどめおくことはできない。彼らは他の場でプロとしての流儀で生きることを選ぶだろう。

このことは言うは易く行うは難しである。そこで基本原理に立ち返って生きることの重要性を再学習する必要がある。

会社生命に関わる問題を解決する必要に迫られたときには、組織は、方向を変える必要に応じて適応指向型の仕事に着手しなければならない。

前章で述べたように、そのプロセスの中では、会社の現在の価値観の検討と、リーダーのアンビションを達成するのに必要な価値観を明らかにすることが必須とされる。これに反対する社員は解雇しなければならない。逆に組織を率いてゴールに向かって押し進む人は、大いに励まされてしかるべきである。これこそリーダーの本当の仕事なのである。

この章では、成功したリーダーが、会社を傑出させるのに不可欠な価値観の変化を、いかにして手がけたかを示したい。強硬な反対意見や、旧式の方法に訴えようとする圧力にもめげずに変化を推進してやり遂げる方法もまた示そう。

すべての成功例を見ると、そこには共通して少なくとも一つの重要な要素があるのがわかる。それは、みずから説く価値観を現実に生き抜いているリーダーの存在である。マットのようなリーダーは明らかに適応指向型の仕事を要求するどんな解決策をも危険に陥れてしまう。筆者との会話の中で、ＳＡＳのヤン・カールソンもこう述べている。「リーダーは価値観をマネジするのである。リーダーシップとは詳細にこだわることではない。リーダーはビジネスの成果を出すのに必要な文化についての見解を持たねばならず、人々には働く意味を追求する機会を与えなくてはならない。口で言うことを実行しさえすれば信用が得られる。もしそうしなければ信用を失い、そのことを全員が直ちに知るようになる」

カールソンのメッセージと同じように、セインズベリー社の会長のロード・デイビッド・セインズベリーも次のように断言する。

危機になると、ビジョンなどどこかへ吹っ飛んで行ってしまい、安物を屋外に持ち出しては「次の機会にはこいつをきちんと直そう」などと言う。これはそれなりにとても強いメッセージだともいえるが、こうしたことが両立できるなどという幻想を抱いてはいけない。もし組織の中でコミットメントと信頼感が欲しいのならば、自分は自分が立てた理想に生きるべきである。それを報酬とコミットメントによって応援すべきである。実際の行動によって導くのだ。いとこのジョン〔ジョン・セインズベリー卿は、最近同社の会長を引退した〕の話をさせてもらいたい。とある月曜日、ジョンは休日明けで、〔セインズベリーの店の〕野菜の種類が貧相で少ないことに気付いた。バイヤーは、野菜は土曜日に収穫され、日曜日にパックに詰められ、月曜日か火曜日に運ばれてくると説明した。だから新鮮な野菜は水曜日には揃うという。なるほど論理的な説明だ。

しかしながら、ジョンは怒り心頭に発した。バイヤーを全員集め、同じ品質基準を一週間毎日満たしつづけるよう供給者に指示した。供給者側は、これは単なる交渉上の駆け引きだと考えた。指示通りにするとコストは、時間外労働を含み、五〇％も跳ね上がる。解決するのが難しい問題がそこには含まれていたが、セインズベリーにとって顧客に質の不均一なサービスを押しつけるのは論外であり、選択の余地はなかった。

今日、セインズベリーの顧客は、週の毎日いつ行っても品質の高い製品を手に入れることができるようになった。

コーリン・マーシャル卿は、自分の表わした理想を正確に体現しているもう一人の企業リーダーである。一九八二年にブリティッシュ・エアウェイズ（以下ＢＡ）の会長兼ＣＥＯになったとき、国有であったＢＡは、補助金で食っている、活気に欠けた業績の会社であった。一〇年以内に、会社はその価値観と文化の劇的な変革の導入によって、収入を三倍にし、営業利益を九二〇〇万ドルの赤字から三億一〇〇〇万ドルの黒字へと押し上げた。

コーリン卿が最初にＢＡに出社したとき、この会社は、それぞれの部門が別個の実体を有する、あたかも封建領土の寄せ集めのようであることを発見した。一つの部門の人間は他の部門の人間のことなどほとんど考慮せずに意思決定を行なっていた。それぞれが部門内のメンバーをきっちりと統制し続けていて、しかも常にＢＡという大型組織内での権力闘争に終始していた。このタコツボ的な考え方が新しい戦略対応型の問題に適応するべき会社の能力を著しく損なっていることに気づいた。マーケティングは販売にうまくつながっておらず、貨物の取扱も勝手に独自のゴールと目的を持ち、なかでも最悪なのは、顧客がしばしば厄介者として扱われていることだった。

BAの社員がこのやり方でビジネスを行う習慣を身につけてから、すでに長い年月が経ってしまっていた。別々に働くことを好み、部門内のみでの人間関係を築き、部門内でのお互いのロイヤリティを固めていた。部門を超えたチームでの仕事には抵抗を示し、すぐに葛藤と内的抗争が支配する。また、チームへの参加を強制したとしても、手を抜いたことだろう。実際に、部門を超えたチームはたいていの場合効果がなかった。というのもそれぞれのチーム・メンバーは協働することよりも、自分のタコツボの代表となることにより多くの関心を抱いていたからである。

こうした態度による妨害をこうむり、業務遂行だけが重視され、飛行機を飛ばしている社員たちはその業績においては、BAという頭文字をもじったジョーク、「ひどい（Bloody）恐ろしい（Awful）」がしゃれにならないような状況をつくってしまっていた。コーリン卿は会社の主な課題は、こうしたタコツボの壁を壊し、協働する文化を構築することだと見極め、組織内でぶつかり合う価値観を掘り起こした。次には会社に成功を呼び込むと思われる行動は何かを明らかにしなければならなかった。この計画はまた適応指向型の仕事をも要求した。すなわち、部下スタッフと一般の職員を動かして、変革への足を引っぱっている価値観を変化させなければならなかった。逆にコーリン卿が行わなかったことの一つは、即興的な解決策を提示することだった。

特定の問題を抱えた社員は何としてでも適応させなければならなかったのだ。

信頼と不信感が衝突していることが会社の文化の中での最も重要な問題であることが、コーリン卿にはすぐに明白となった。明らかに、真の信頼感を築き、それを補強しなければならなかったが、これは難問であり、気力をくじく厄介な課題であった。会社の社員に対して行った調査からは、業務運営に欠かせない二五の行動と態度の中で、最も重要なものは信頼であることが判明した。しかも重要なことは、社員は、この信頼を実際はリップサービスでしかないと位置付けたことである。不信感はいたるところにはびこっており、部下は上司から指示を受けたときだけ行動する。自主的には一切行動しないということであった。職能間の障壁が堅固に築かれていたのである。「煙突」という言葉は、それぞれの意思決定がその職能のトップからの承認を得なければならないというプロセスを示すのに使われていた。人々は上司からにらまれることを恐れ、したがって当然のことだが、問題を正直に白状することには抵抗を示していた。

コーリン卿は、こうした不信感を会社から取り除かなければならないと確信し、社員にこう告げた。

信頼は人々と組織をつなぎあわせる「接着剤」である。信頼なしでは、スタッフは単に、相互連絡も調整もないやり方で働く、個々の業務グループの寄せ集めでしかない。人々は筋の通った方法で行動するときには支援を必要とし、その必要性も正当に評価しなくてはならない。そのときにだけ、人々は建設的なリスクに取り組むのだ。マネジャーは信頼と他の人の福利にも関心を持っていることを示さなければならない。

コーリン卿がBAのオーバーホールに成功したのは、重要ではあるが見えにくい問題点である信頼感というものを、人々が触って見ることができるかのように表現し、その重要性を組織中に浸透させることに焦点を絞ったその能力によるところが大きい。

その職に就いたとき、コーリン卿は社員が先行きを悲観視していることを感じ取ったが、モラルは低くなっているものの、社員の会社への忠誠心は強く、改革の成功を心から欲していたことがわかった。明らかに、社員は成功している会社のために働きたがっていたのだが、すっかり打ちのめされていた。コーリン卿は人々が必要としていることを成し遂げるための自信が欠落していると悟った。そこで、同僚が部門を超えたチームで問題解決のために気持ちよく働くことができ、それにより業績とともに顧客に対する行動も改善されるような、信頼感溢れる環境を作り出すことに集中した。文化変革を真に測る尺度となったのは、顧客に信頼されているか、社員を信頼しているかについてである。もし顧客が会社を信頼すれば、ビジネスをしに戻ってくるだろう。同様に、もし社員がお互いを信頼したら、一緒に働くことができる。信頼が欠けていては、社員は一緒に働くこともできず、顧客にも忘れられてしまう。

コーリン卿は、望ましい価値観と組織の目的を伝える数多くの新構想の実施に着手した。最も重要なものの一つに、「人々を第一に扱う」という、世界中の全職能を網羅した一二〇〇人のマネジャーのための、会社の戦略的狙いと働く人々の態度と行動との間のつながりを示す学習プログラムがある。

このプログラムでは、不信感とそれに付随する恐れがいかに人々を感情的に麻痺させているかを強調している。加えて、このプログラムでは、マネジャーの実際の行動と振舞い方が、話す力よりもいかに重要であるかをも指摘している。マネジャーは、チームに従ってもらいたければ、みずからがそこで学習している新しい価値観のモデルにならなければならない。これはグループやチームの中で、より大きな効果をもたらすことができる。最終的には、個人ではなくて、一つのユニットとして機能するグループやチームこそが、顧客と同僚のために奇跡に近いことを起こすのである。

プログラムの参加者は、顧客からの反応、信頼感、チームワークなど、改善の必要があるとされた二〇にも及ぶ特定の態度や行動についてのフィードバックを、部下やチーム・メンバーから受けた。そこでのフィードバックは小グループで討論され、そこでは各個人が弱点とされている領域を改め、それぞれの責任領域の価値観に従って生きるための個人別の改善計画をつくり、熱心に討論を行なった。たとえば、廉直性と信頼感という評定尺度においては、あるマネジャーの行動は下から二〇％のカテゴリに入っているというようなフィードバックを受け入れることもある。そのマネジャーの弱点の中にはさらに、仕事上のグループ会議で他の人々が同意しなかったときに過剰に自己防衛的な反応をしたり、率直で開かれた意見交換に失敗したりしていることなども含まれている。こうした結果については、直属の上司とも議論する。一〇点法で、「会議で率直でオープンな意見交換ができない」について五点しかとれなかったとすると、その結果を受けた上司は、こうした認めがたい結果を討議し、彼が解雇されないような改善の可能性を見積もるのである。

BAの変革において、コーリン・マーシャル卿以上に会社の価値観に従って生きるものはいなかった。二年間にわたり、毎週金曜日に、二五人のマネジャーからなるグループに会ったが、その全員が、BAがより競争力をつけて利益体質になるような価値観を採り入れ、それを自家薬籠中のものとする必要があるとして一週間のプログラムを締めくくったメンバーである。毎週毎週マネジャーが出してくる実践的で現実的な質問と関心事を我慢強く聞く。しばしば質問はマネジャーの言葉と行動とのギャップにまで及ぶ。問題点として、安全性や、特定のフライトへの十分な資源の欠如や、部門間の争いなども含まれていた。それぞれの質問やコメントはコーリン卿にとっては試練でもあった。彼は過去の決まり文句やはぐらかしで応答することはなく、信頼を伸ばし養うというキャンペーンの一環としてみずから約束したように共通の関心事項には忌憚なく答えたのだった。毎週の会議の中で、みずからが唱導している価値観に従って答え続けたのである。彼はカードにメモをとっていたが、それは人々に彼は本当に興味を抱いているのだなと感じさせた。彼はオフィスに戻るやいなや、彼は即座にミスや間違いを正すために行動した。

人々は結果が直ちに出てくるのを目の当たりにした。コーリン卿が新しい価値観や新しい文化への約束の実践に手をこまねいている人間ではないことが明らかになった。信頼に足る人だとされた。彼のアシスタントもノートを取り、彼の指導に従った。一度こうした信頼体験を本物だと感じると、組織内の人々は、各人の責任領域内においてもそれぞれリスクをとり、事態を改めることにやる気を出し始めた。すべてのレベルで人々が一斉に多い責任を引き受けることが、ＢＡの転換点において中核となる要素となった。

それならば、なぜ、非常に多くの会社がこの手の成功を収められないのか。その一つの理由は、〝マイナスの価値観〟がマネジメント層にまで侵食するからである。リーダーシップをめぐる古典的ともいえる労作の中でジョン・ガードナーは、マイナスの価値観の典型である縄張り争いについて、次のように述べている。これは、一九四〇年代の大手の政府部局の職員がどのようであったかを述べた一節である。

人を導くには臆病すぎ、人に従うにも中味がないので、その打つ手といえば縄張り争いによる自己防御だった。コソコソと隠れた動きをし、小さな裏切りをすることにかけては名人だった。同僚の脆弱さを外科医のような正確さで理解した彼は、千人あまりのお人好しをまとって、あらかじめ計算づくによる無責任さを隠していた。官僚政治をよく理解したいと願っていた若い観察者であった私にとって、彼はまさに生きた教科書だった。

縄張り争いからくる不信感と、同僚の中に蔓延した不信感は、いかなる組織からもエネルギーや熱意を絞りとってしまう。ヘンリー・フォードがガードナーにこう語っている。「私は、本当の敵は社内にいる奴ではないことを思い出させようとした。敵はシボレーを売っている奴なのだ」

オリベッティ・システム&ネットワーク社の前副会長兼CEOのエルセモ・ピオルは、何年か前に、私が最も手強い競争相手は誰かと尋ねたときに同じ点を指摘している。彼は長い沈黙の後、こう答えた。「わが社のサービス部門だな」

一度リーダーが価値観と業績の間の深いつながりを認めると、次の質問はこうなる傾向にある。「どうやってそうした価値観を具体的な行動へと変えていけるか」個人とチームワークという二つの衝突する価値観のいずれもが本質的にはマイナスのものではないが、ゴールドマン・サックスではそれぞれが現実には問題となっていた。ジーン・ファイフは、こうまとめている。

ゴールドマン・サックスは創造的な芸術家で溢れている。これはわが社の強味である。この個性の強さが絶えざる緊張を生む。チームや顧客と行動しなければならないことによって、その利点が出てくる。

個人と給与を絶えずチームワークに関連づけてくれるフィードバックが必須である。わが社の価値観や指導原理は、とりわけ、チームワークを重視する。ゴールドマン・サックスは「スター・システム」には興味ない。すなわち、それは内部の競争がすさまじいということである。これでは真のパートナーなど作る可能性は少ない。「俺様のお通りだからお前はそこをどけ」ということになる。「承知しました。明日までにやります」と上司に言ったら、時間通りに仕事を終わらせるためには部下の気持ちなどは踏みにじってしまうのである。

これらのことは常にチェックしておく必要がある。適切に管理・指導しないと、こうした力は破壊をもたらす。ほかのすべてのものが搾り取られてしまうのだ。

▼価値観の変化を支援するには

適応的変化を成功させるには、新しい価値観をはっきりと明示し、その重要性を絶えず強化定着させなければならない。マイナスの価値観を優先させてはならないのだ。ゴールドマン・サックスのリーダーが用いた一つの方法は、一四ものビジネス原理や価値観のリストを描き出したことである。私はすべてのクライアントに対して、こうしたリストをつくることを奨めている。もちろん、それを創り出すことに傾注する努力と、マネジャーと社員がそれを実行するのに費やすエネルギーが、そうしたリストの真の価値を左右する。第６章のアルバート・アインシュタイン医療センターにおいて、経営委員会が適応指向型の仕事の一環として、比較対照できるこの手のリストを創ったときに大成功を収めたことを思い起こしてほしい。ゴールドマン・サックスでも、作る努力と実行する努力の両方の要求を完全に満たしていた。そこでのビジネス原理は会社中からの価値あるインプットによって綿密につくられ、リーダーはこれらの価値観に対して会社が本腰を入れていることを納得させるために、すべての機会を逃さないようにしている。

次はゴールドマン・サックスのリストから三項目を抜き出したものである。

●われわれが行なうことすべてにおいて、チームワークを強調する。個人個人の創造性を常に重視しつつも、チームとしての努力が最高の結果を生むというのがわれわれの経験則である。

●社員の会社への献身や、職務に振り向けられたその熱心な努力は、他のどの組織の中でも見られないものである。このことがわれわれの成功の中で重要な位置を占めると考える。

●会社規模こそ、懸命に維持すべき資産と見なす。顧客が考えつく最大限のプロジェクトを引き受けられるほど大きな規模でありたいが、全員が大事にされて成功に大きく貢献するロイヤリティと親密さと愛社精神を維持できるだけ小さな規模の組織でありたい。

ゴールドマン・サックスがヨーロッパで拡大するにつれて、リーダーは会社の価値体系と文化を海外スタッフに熱心に教え込むことに従事した。私はファイフにその進捗状況を尋ねた。「それはこのヨーロッパ内でうまくいっているかという意味かな」と彼は答えた。「イエスともノーともいえるね。過去四年間に三五カ国から人間を連れてきているから。ヨーロッパ人は、こちらが本音だということを十分理解するまではシニカルだった。最初は……会社で一緒に仕事をしていく上で、リーダーがこれらの根本的な原則を展開していくことの重大さを理解していなかった」しかし、話の中の「イエス」の部分はより強力なものとなっている。「ゴールドマン・サックス人間として振舞う方法を教え込む努力は一切惜しまなかった」とファイフは言う。「ゴールドマン・サックスのプロとしての基準と価値観は世界どこでも同じなのだ」

英国の貨物輸送会社のオーシャン・グループでもまた、競合する価値観が何かを明確にし、指導原理をつくることから、変革の推進は始まった。究極の目標は、変革への手順を深く組織間に植えつけて、劇的に組織の質を改善することにあった。その時の会社のリーダーであったニコラス・バーバーは、トップ・チームに月毎の会議を持つように指示した。このグループは行動を変える必要性に焦点を絞った。六カ月の間、会社文化の中にもともと黙示的にあった価値観を掘り起こし、それからバーバーのアンビションを達成するための新しい価値観をつくった。最初は、経営幹部たちは「ソフト」で人間臭い感じのするものや、個人的なトピックスを討論するのは苦痛であった。そのうちに、価値観が業績に与えるインパクトが明らかになってきた。結局、経営者はオーシャン・グループがそれまで行動してきたようなやり方を変えることに本気で取組み、その結果、組織文化のすべてを変えることになった。

ある段階で、バーバーは、それぞれの社員にイエローカードを与えて、経営者が会社の価値観に従って行動しなかった時にそれを用いるようにさせた。これはサッカーで用いられるペナルティのシステムに由来する方法である。サッカーの試合の中で審判が選手の違反を見つけたとき、選手にカードを示し、両チームの選手やスタジアムにいる観客やテレビでの観戦者の全員に見えるようにイエローカードを掲げる。それは強力な注意であり、警告でもある。審判が次に掲げるカードはレッドカードで、それが示されると選手は退場処分となる。

バーバーがこのアイデアを説明したが、オーシャン・グループのイエローカードは、社員にだけでなくて、チームの価値観を無視したり破ったりしたマネジャーや、経営チームのメンバーにも示されることになった。このカードは、受け取った人間に自分の言動について考えさせるフィードバックとして機能し、うまくいけば変化へのきっかけとなる。バーバーは自分にもカードを出すよう経営チームを奨励し、もしカードを受ける必要ありと感じたならば、上司にもカードを出すようにと全社員に奨めた（そして実際にも行われた）。このカード・システムに内在する考え方は、信頼をめぐる二つの前提の上に立っている。ひとつはカードを出された人間は同僚や上司や顧客にダメージを与えようと意図してそうした行動をとったのではないことを信じること。と同時に、「カードを出した人」は、個人的な狙いを達成せんがためではなく、同僚と組織を思うがゆえの動機から出したと仮定することである。

信頼は、その本質上、人間関係を含むので、お互いに効果があるものでなければならない。いったん、バーバーとトップ・チームが、顧客や社員や供給者などとの毎日のすべての相互関係において、新しい価値観を本気で実行しようとしていることが明らかになると、すべての社員がそれにならった。バーバーは、新しい価値観をつくることにかなりのエネルギーを傾けた。リーダーとトップ・チームは率先して模範を示すことにより、オーシャン・グループがビジネスをする上での本質的な部分たる新しい価値観をつくることに成功した。バーバーは、自分自身の行動を変えることの難しさについても何らの幻想も抱いていなかった。BP石油のCEOのラッセル・シールもまたこうした困難を十分承知していた一人であり、また組織における大きな文化変革を起こした人間でもある。

シールのゴールは、BP石油を伝統的な命令と統制によるマネジメント・スタイルから、ビジネス・マネジャーがより大きな権限と責任を持ち、官僚政治的でない対処をするような環境を創造するあり方に変えることだった。シールは、このような変革を実行することは、自分自身も含め、全員にとって大変な努力を強いるものとなると側近に語っている。新しいビジネス計画を扱ういつものやり方に従って、シールは計画を見直し、それから、関連したビジネス・マネジャーに尋ねる二〇以上の詳細な質問をつくり出し、正確かつ迅速な回答を期待した。さらに二〇から三〇の質問を用意していたが（長年やってきたことなので、自分ではその習慣は止められないという）、それらはマネジャーに突きつけられずに引き出しにしまわれたままでいる。

新しい文化の中では、いったんビジネス計画がマネジャーによって承認されると、その計画が成功か失敗かも決まる。シールはマネジャーを支援しコーチはしたが、もはや直接指示することはしない。

リーダーと組織の価値観に関して研究する中で、一つ特徴のあることが判った。それは航空会社やホテル業といったサービス志向の事業では、ポジティブな指導原理の重要性をより強く認めているということである。これらの業界の組織では指導原理と業績との間のつながりを、コンピュータ製造や自動車メーカーのようなエンジニアリングや生産志向の組織よりも、よりハッキリと見ることができるように思える。

次の章では……

「言うのはタダ」という表現がある。しかし、会議においてアイデアや意見の真の交換をせず、現実の問題を表に出さず、言葉だけを紡ぎ出して空廻りするのならば、話すことはタダどころか、かえって高くつく。まず間違いなく、真剣に仕事に没頭できたはずの参加者の時間とエネルギーを無駄にする。加えて、このような会議はグループを前進させる機会を阻む。適応指向型の仕事を遂行する組織のプロセスに欠かすことのできない話は、「対話」と呼ばれている。

よく誤って考えられているが、対話の目的は違いを覆い隠すために見せかけの同意を強いることではない。むしろ、対話とは、結論に至る前にグループが全員のアイデアから利益を出せるように、各自の違いを表面化させるものなのである。次章では、対話をどう育て、磨くかを説明しよう。

第8章　対話を促進する

「対話」という一語が、この章の焦点と内容を言い尽くしているといえよう。対話《ダイアログ》と論争《ディベート》とを、ごっちゃにしないでほしい。この語はギリシャ語の「別個のものに分ける」を意味するdialogos（ディアロゴス）に由来している。それは、他の人間の見方を理解することであり、その背後にある理由をしっかりと洞察することである。他方、論争は、議論を用いて、他の人間にこちらの見解を納得させようとする試みである。筆者は、対話という語を、異なる考え方を真剣に交換することであり、つまり啓蒙がその目的であって必ずしも同意を必要としない話し合いを意味するものとして用いる。

歴史は対話の例に富んでいる。紀元前五世紀のギリシャの哲学者ソクラテスは、アテネのアゴラ（集会所・広場）や市場で、弟子や通行人との対話に従事することにその人生の大半を費やした。その最終目標は私のそれと大差なく、間違った信条を明らかにし、真実に至ることである。

この章では、なぜ対話が新しい状況関係《コンテキスト》を形成する上で本質的な要素となるかを示す。対話は、競合する価値観のようにリーダーの大目的実現を狂わせうる障害を見極め、総合的な解決策への道を開く。また、働く人々がお互いに本気で立ち向かう約束を交わし、会社の新しい大目的《アンビション》の実現を誓うことを奨励するために、リーダーはどのように対話を利用すればよいかをも示す。

真の対話は、多くの組織に新しい行動と働き方を示す。従来のマネジメントの体制下でのリーダーは、論争することを強調し、その後で合意に達しようとする。そうした際の合意は見せかけだけの場合が多く、また同意したはずのことも守られない。しかし対話は、問題点の様々な側面に関する立場や論点を際立たせるのに役立つ。対話をうまく機能させるには、参加者は一時的にその決定を保留し、議論を豊かにし深めるために、異なる経験、価値観、前提などのあらゆる面を明らかにしなければならない。要するに、対話に従事している人々は、自分と他の人々の両方に関する非常に多くの見方への理解を深めようとするのである。種々の意見やアイデアを共通の認識とすることがその真のゴールなのである。

人々がビジネスの討論に足を踏み入れると、多様な経験や仮定や論理にぶつかる。変化と成長がどうしても不可欠であることを理解している会社では、意見不足などは決して起こらない。私の経験では、トップ・チームはたいていの場合、変化に焦点を置く多くの新しい構想を考えはじめる早々に意見が分かれる。私の友人であり長らく同僚であったジョン・ブレイは、効果的に一緒に働いているトップ「チーム」などというものは、「永遠の若さ」とか「巨大な小えび」といった矛盾撞着語法のようなものだとする。私たちはさして気にもとめずに口にしているのだが、だれか実際にそんなものを見たことがあるのだろうか。

現実に再三再四見かけるのは、変化を新しく打ち出す構想など全く必要ないと、善意で考えている経営者である。また私が「無意識的無能」と呼ぶ力が働いている場にも出くわしている。そこでは人々は知的には同意するが、変化を起こすための効果的な行動を取ることには失敗する。成功するために必要な新しい価値観に適応するための行動がとれないのである。その無能さを理解したり認めたりする代わりに、同意しているふりをする。その実、行動せずに計画を妨害しているだけなのである。こうした問題の一部は、人々が自分の経験に照らしてのみ問題を見る傾向があるということから生じている。また、性格の相違や不一致も一部の理由となっている。

時々、経営者は、変化に対して頑なに抵抗するというよりも、どうも難しくてよく分からないという理由で、新しい提案に抵抗を示す。本心では、新しいシステムの中で自分の無能さが露呈することに怯えているのである。会社が急速に成長しているとき、トップ・チームにいる人々は、今日の自分を築いた過去のビジネス関係を未来でのあり方よりも良く理解するからである。

創造的で革新的なマネジャーと、過度に硬直した統制志向型の組織人間とを比べてみよう。創造的マネジャーは、たいてい、新しい領域を探求する機会の到来を歓迎し、そのことから自由を感じるのに対して、統制型のマネジャーは全く異なった反応を示す。後者の人間にとっての自由とは革新から逃げる自由を意味し、えてして革新は遠ざけられる。これらの二種類の人々が異なる言葉を用いることは明々白々である。それぞれが他の人間やリーダーから同じ話を聞いたとしても、同じように解釈することはまずない。

それでは変化への新構想の確立に対して頑強に邪魔をする従業員をなぜ首にしないのか。それはより優れた意思決定方法を学びとるためには、会社に異分子が必要だからである。フィリップス・エレクトロニクス社のヤン・ティマーは、こうした二つの競合しているグループに「エンジニア」と「ビジョナリ」という名称をつけ、大きな変革のプロセスには知的側面と感情的側面の両方があることを明確に理解した人物である。知的側面では、プログラムや進捗度測定のためのマイルストーン（里程標）や規律が必要である。感情的側面では、人々はその心情と魂を新構想へと仕向けることが必要となる。

エンジニアの方は「ビジョン」などに苦慮するのは時間の無駄だと見なし、「夢想家」だなどと嘲る。そして現在の重要な問題を手直し《フィックス》することに突き進む偏向傾向がある。ティマーによれば、ビジョナリの方が、より概念的で起業家的である。いわば長期的な見方をする建築家タイプであり、現状には満足しておらず、今日のビジネスをコントロールするだけでは未来を形づくることはできないと考えている。ティマーはこう続ける。

エンジニアを首にすれば、波風が立たない調和と夢見る人々の白昼夢とを手に入れられるが、冷たい数字のシャワーを浴びることになる。ビジョナリを追い出せば、何千人もの社員の働く目的や意味を明確に考えない金銭にとらわれ統制された会社になる。

統制志向の人間はとても疑い深い。評価基準のないものには価値もないとする。そして人間よりも組織を優先する。人々のことを気にかけているかのごとき印象を与えはするが、そんな精神はたいていの場合失ってしまっている。組織構造と戦略の話を好む。内部の問題や構造についての議論には安心感を覚える。また、顧客や人間のことや組織の全員を共通のゴールに向かって動員するなどといった議論には不安を覚える。

ある意味では、こうしたことは不可避的に必ずしも悪いとはいえない緊張を創り出す。一〇〇%の合意などは達成されえないのだ。こうした社内の多様な意見をマネジするのが私の仕事なのである。

SASのヤン・カールソンも、多様性をマネジし、ぶつかり合うスタイルを生産的な相互作用に転換することは、マネジメントの中で最も興味深い使命の一つであるとする。「これらの異なる見方を、どちらかだけをとるというのではなく、両方をどう混ぜ合わせるかが腕の見せどころなのだ。両方とも必要なのだ」とティマー同様のことを言う。「革新家を解き放つと、コストを制しきれなくなる。統制志向の人間に権限を与えすぎると、すべての革新を抹殺してしまう」適正なバランスを見つけることはたやすいことではない。対話なくしてはありえないのだ。

対話の目的は、他の人間の見方を理解することに心を使いながら、それぞれの見解を発言させることにある。たとえば、マーケティング担当の副社長が、財務部長が会議に持ち込んだ見解の裏にある前提が何かを握りたいとする。その逆もまた同じだとする。両陣営とも、業務遂行の上で影響を及ぼすような競合している見解を理解しようとする。その際、必然的に発見するのは、一見両立しない見解の底流に、葛藤の源たる競合する価値観が存在していることである。これはつまり価値観が見方を決めているということである。相対立する価値観に関わる問題が存在するところでは、対話こそが、参加する人々には敵対的な気持ちを抱かせずに解決策を出す唯一の望みなのだ。

真の対話は、時間と知的エネルギーと勇気を要求する、かなり手強いプロセスとなりうるので、参加者は、協働者から否定的見解が出されるのを恐れて、自分の弱味や知識の欠如を見せたがらないことが多い。ときには、対話によって自分の職域内にあって進行を妨げているものを露呈しはしまいかと危惧する者すらいる。

対話ベースでの解決策は参加者の総意を反映するので、たとえ全体としての同意をみなくても、全員が完全にコミットすることになる。新しい思考法を集団で学ぶので、対話の参加者はお互いに信頼して支援しあうことができる。対話のプロセスは、不要な古い争いを再燃させることがない。さらに、古いスタイルのリーダーの喪失感が最小限ですむような環境の中で、従来の権限と権力をうまく手放させることもできる。

有能なリーダーは、ビジネスの成功を妨げている対立を見極め、これらの葛藤を開かれた対話へと導くのが自分の仕事であることを学びとる。リーダーにあるまじきは、明白なやり方で葛藤に取り組むことをしないことである。違う人間同士は、お互いの立場の根底にある仮定や前提条件を理解しない限り、お互いに学び合うことも問題解決をすることもできない。適切な行動をとるために熟慮して意思決定を行なうことを目指すならば、カッとなって議論するのではなくて、よく聴き、理解しなくてはならない。対話プロセスは意思決定の質を改善するのに不可欠なものであり、チーム内の個人の能力開発の中軸となるものなのだ。意見の相違を明らかにすることは、この段階では真の学習のための唯一の方法である。

対話を通じてコミットメントをつくり上げるプロセスは漸進的なものであり、システマティックなものである。ときとして、解決策に適応指向型の仕事が関係してくるときは、コミットメントへのプロセスが全くもって始まらないことがある。これは、日々の業務遂行への関心事が介入して総合的な戦略行動に優先してしまい、リーダーが真の解決策やそのためのコンテクストを正確に把握することに失敗してしまっているからである。コミットメントすることがなくては、マネジャーは担当の機能的役割にのみ焦点を合わせ、自分のタコツボ志向の筋書きのみを追求するので、協働達成が真の狙いなのに、競合と衝突という結果のみが不可避的に生じてしまう。派閥が生まれ、力のある人間が職能上の縄張りを支配する。人々は、トップリーダーの曖昧でぼんやりとしか見えないアイデアに対してではなくて、直属の上司に昔ながらの忠誠を誓ったままである。

それでもなお、このような問題だけでは致命傷にはならないことが、イギリスとオランダの大手企業ユニリーバ社の織物部門と仕事をしたときにわかった。リーバ・ブラザーズ・ファブリックス社（以下LBF）はその業界ではプロクター・ギャンブル（P&G）に次ぐナンバー・ツーであった。P&Gと徹底的に張り合うために、LBFは価格を切り下げすぎたので、一年で一億ドルも失ってしまった。二つの新製品も失敗し、士気は低迷し、成長も失速してしまった。リーダーは、何はさておき、会社は細部にもっと留意しなければならないと感じた。不注意が損失の原因であるとされたのだ。しかしながら、社内のシステムと統制があまりに軟弱で、上級マネジャーは日々の関心事を越えるものに時間を割くだけの余裕がなかった。何人かのマネジャーはその立てた工場の業務遂行能力には誇りをもっていて、「輪ゴムでしっかり縛ってあるがごとく、いささかの緩みもなくコントロールしている」などとのたまうほどであった。

LBFでは、業務の細部を指揮すべき下級マネジャーの訓練を怠っていたために、上級マネジャーは日々の業務処理にその時間のおよそ九五％を費やし、戦略的仕事のためには僅か五％の時間しか残されていなかった。さらに、吸収合併の可能性と解雇がありそうだとのうわさが、多くのマネジャーに目立たない低い姿勢をとらせ、リスクのある計画を避けさせた。しかしそのときの会社のゼネラル・マネジャーであったポール・ガーウッドは受身のままでいることを拒絶し、二〇人からなるチームを組織し、ビジネス戦略的な重要課題を見極め、それに挑戦するために会社を動かすようにと命令した。果敢な努力をしたのだったが、この新構想は何の成果も上がらなかった。全員が現在の手持ちの問題に対処するのに手一杯なため、未来の問題には注力するどころか手も出せなかった。もし現在の手もとの問題を怠ったりしたら未来はないと論じる者すらいた。

ガーウッドと一緒に働き始めたとき私は、彼のチームがそのリーダーの描く筋書きを行き詰まらせ、問題解決のための資源としてお互いを活用できてないことがわかった。会議も自分の意見に酔いしれるさまざまな一匹狼連中によって代わる代わる支配されてめちゃくちゃにされ、会社の未来を計画するのに必要な根本的な問いかけなどは何一つされなかった。このことは、ガーウッドのスタッフが反抗的であったというのではなくて、新しいやり方が会社文化の一部となっていなかったのである。実際にはチームの人々はガーウッドのすべての命令を従順にこなしはしたが、虚心坦懐に創造的思考をすることを求められると、一線を置いて自分の殻に閉じこもってしまった。

ガーウッドが耐え切れずに自分の提案をどう思うかと迫ると、チーム・メンバーの大半は凍りついたようになって、素っ気なさすぎるほど簡単に同意するか、ほとんど何も言わないかのどちらかであった。潜在的な反対勢力は注意を払わず無愛想になった。上級マネジャー・チームも日常の実務的なごたごたの迷路にはまり込んだまま、適切な経営行動をせず、お茶を濁していた。実ははからずも、ガーウッド自身が対話への障害物を創り出していたのである。会社の最高、最良の人材が真の対話に加わることを望む前に、ガーウッド自身が個人的に変わらなくてはならないことは明らかだった。

ゼロックスのシーリィ・ブラウンも、かつてこう書いている。「私たちはそれぞれ、声を張り上げ、目をしばたき、体をこわばらせることで、開かれた会話を阻害し、人々を黙らせる信号を出すことができるのだ」そこでブラウンは、対話を阻害する結果となり得る無意識的な信号とは何かを正確に知るために、重要な会議をビデオテープに撮るという手段に訴えた。

変化は、もちろん、決して簡単なことではない。ビザ・インターナショナルのディー・ホックがこのテーマをどう論じたかに耳を傾けてみよう。


とかく人は真実だと思ったことにとことん惚れこむきらいがある。そしてこれらの真実だという思い込みを宝物のように大事にする。……気持ちが良いので、古くなっても、ぼろぼろになっても役に立たなくなっても、手放すことは耐えられない。しかし手放すべきときは、思い切って手放さなければならない。現実を見るわれわれの心の内なるモデルや見方は、遊園地のびっくりハウスの中の鏡みたいなものなのである。見るもの、知るもの、経験するものすべてを、歪め、色褪せさせてしまう。こうした見方は、知覚を歪め、新しい方法で厳密に物事を見たり把握したりすることを困難にしてしまう。とどのつまり、それが心のアキレス腱となるのである。

そのうえ、変化しない人々は、たいてい他の人間にもその歪んだ知覚に無理やり従わせようとする。そのことを考慮して、チームメートに対して、黙従ではなくてアイデアを求めるようにと私はガーウッドにアドバイスした。明らかに、リーダーの考えに磨きをかけ、より良いアイデアを発見するのを助けるためには、部下たちに意見を言うことを奨励しなくてはならない。一心に耳を傾け、たびたび褒めたたえ、文字通り、同輩の中で単に一番に過ぎないパートナーとして行動することをアドバイスした。四六時中、他の人間の自尊心を補強し続けていれば、その一〇倍にもなる賢明で本気の協力を手に入れられるとも助言した。ガーウッドはこれを達成しただけでなくて、以前はまったく逆の立場に凝り固まっていた何人かと、会議室の外でも温かい個人的な人間関係を創り始めたのである。

ディー・ホックも認めているように、変化とは「異なる見地に立って物事を見ることであり、新しい眼でもって古い事柄を見つめることであり……それは、思考を、状況を、会社を、製品を……理解し直すことである」ということを、ガーウッドは学びとったのである。それをしさえすれば、全く新しい秩序が創造されるのである。

ガーウッドの以前のおせっかいさ加減に我慢ならなかったある経営幹部は、ガーウッドが同僚たちとの信頼関係を構築したことに驚きを隠せなかった。彼女は「途中でギブアップしたくなかったんだ。一緒に未来を探さなければいけないね」というガーウッドの言葉を思い出している。

▼どのように対話を促進するか

ここにいくつかのアイデアがある。

人々を個人の集まりとして見る

組織内で競合する派閥間の対話を、成功裡に進めるに先立ち、リーダーは個人個人がどんな見方をして話しているのかを理解しなくてはならない。こうした理解を固めるに当たってのリーダーの最初の第一歩は、マネジメント・チームのメンバー各人を自分がどのように評価するかに関して行なう正直な内省的自己分析である。リーダーは、直属の部下たちを複雑で多くの側面を持った個人として考えなくてはならないのである。リーダーは、異なる（正確に言えば、リーダーと異なるだけでなくて他の一人ひとりとも異なる）質、優先順位、価値観、ライフスタイルによって動機づけをされている人々の人格を認めなければならない。チーム・メンバーの強味と弱味に対して常に眼を光らせておくことは肝要である。というのも会社が直面する特定の状況に応じて、これらの性格を活かしたり、遠ざけたりすることができるからだ。

ゴールドマン・サックス《・》のジーン・ファイフもこう語ってくれた。

人間に関する政治的問題となると、単純な答えなどはない。……われわれのところにはハーバードやスタンフォードやＩＮＳＥＡＤ出のトップクラスの頭脳明晰な人間がごまんと集まっている。権力を求める人間もいるし、専門家として認められたい人間もいるし、金銭欲にひどく駆り立てられている人間もいる。リーダーは各人がそれぞれ成功するようにと願わなくてはならない。異なる人々の異なる事柄の実現のためには、その強味に訴えて活かそうとするのである。

英国郵政省の前会長のブライアン・ニコルソン卿は、重要な人材を理解し扱う思考プロセスを、「慎重な観察による管理」と名付けていることを話してくれた。オフィスの混沌から離れて、ベッドに寝転んでいたり、湯船につかっていたりする時にブライアン卿は、トップの人材との関係に関して、心の中で論点をきちんと整理することによって、自分自身と徹底的に話し合い、分析・統合している。このやり方の中で、異なる見解を持つ人々との効果的な討論をするに当たって、肝心な要素である信頼の確立とその増進の仕方を決めている。

あるケースでは、ブライアン卿は、とある個人を信頼して重要な問題に取り組む責任を与えた。彼はその人間にベストが尽くせる領域で働くように求め、他の関連する課題には個人的に代役を見つけてやった。事を進めるにあたってはブライアン卿はこの人間が脅かされたり威嚇されたと感じないように気を遣った。そしてついには、この個人的関係の構築によってブライアン卿は報われたのである。

私の長年にわたる友人であり、ランク・ゼロックス社の前CEOのバーナード・フールニエは、チーム・メンバーを個々人として見る努力において、さらに上を行こうと励んでいる。彼を知って二〇年になるが、その間、チームの同僚に対する親密度の高さには絶えず驚嘆してきた。バーナードの私的・公的な付き合いにはそれらの人々が必ずといってよいほど含まれている。しばしば、私と妻が彼の家に招かれると、現在のチームのメンバーや過去に共に働いた人たちと出会う。自然な暖かさとやさしい人柄は、彼が毎晩毎夜会社で過ごすときにも現われている。チームに話が及ぶと、バーナードはこう言う。「お互いを知らなきゃね。何かをなすには友人が必要なんだよ」

人間関係をめぐるマイナスのパターンを掘り起こす

人間関係の枠組みは一度そのパターンが作られると壊すのは難しいと認めているブライアン・ニコルソン卿は、それを男女の性的関係に喩えている。「どんなものであれ二人の体位が最初の一カ月で決まると、その手順が大きく変わることはない」壊すのが難しいとはいえ、変化させることが不可能なわけではない。リーダーは対話が必要な二者に内省を促すことでその関係を変えることができる。ブライアン卿は英国郵政省を改革しているときに彼自身とチーム・メンバーの一人との間に起こったことをこう述べている。

私の場合、チームの個人同士の争いを避けたいがために、対立した状況に介入しすぎたり、早い時期に動きすぎたりしてしまった。一人の役員は、議論好きで、相手を支配するスタイルだったから、合意を形成し、同僚を資源として用いるような行動をとるように根本から変えなければならなかった。これを手伝えたことは、私の最も偉大な業績の一つだといえる。私たちは、誰一人として完璧な人間はいないということをおおっぴらに認めなければならなかった。お互いの欠点を笑い飛ばし、それぞれのやり方を尊敬することを学びとったのだ。

マイナスの関係を読み解いていくことは、プラスの対話への第一歩なのである。

フィードバックを可能にし奨励する

「無意識的不能には、間違いから学び、問題と結果を説明することに立ち戻ることによって対処しなければならない」とバーナード・フールニエは指摘する。「目的、働き方、価値観について人々に納得させることは極めて重要である」しかし、どのようにしてリーダーはこの学習プロセスを推進することができるのだろうか。フールニエはこうアドバイスする。

インフォーマルで開かれたやり方を相手に示す。これはとどのつまりフィードバックのことである。チームも私にフィードバックを与え、お互いにフィードバックを与え合う。ある段階ではこれは、検討中の特定の行動に関連した正規の構造を経由して行われ、六カ月毎にグループで再検討する。また日々の問題解決と意思決定の中でも、お互いに「働き方」をめぐってフィードバックを行う。

彼はこうした心がけによって、「チームとしてより効果的に働くことができ、それぞれの違った見地に立って問題をより効果的に解決することができる」と結論づける。

全員に仕事をさせ続ける

リーダーがまっとうな対話をすることの意義を保証するには、「仕事の回避」を一掃しなければならない。すなわち、人々の、重要だが深い亀裂を生じさせるような問題点に直面することからの逃げ道を塞ぐことである。リーダーは、対話が続くような環境を創り出して、グループに仕事を差し戻さなければならない。しかし、取るべき行動への適切な道筋をつけてやるには、リーダー一人で決めなければならない場合もある。

J&Jのラルフ・ラーセンは、心配事も気楽に発言でき、アイデアを共有し、違いを討論しうる、気楽な語りの場を提供するリーダーとして知られている。要するに、人々がやるべき仕事をこなせるような雰囲気を創造することで、対話を促したのである。彼がスポンサーとなって作った経営会議は、文字通り仕事を回避する逃げ道を塞ぐ一つの方法である。これに関して、一参加者だったビル・ニールセンがJ&Jのフレームワークスのセッションがどんなものであったかをこう述べている。

狭苦しいところに閉じ込められ、経営委員会の一員となり、部屋にいる全員が皆、同等の権利を持つ。全員の肩書きは取り去られ……上下関係はなく……すべてに対する答えを持っているものはいないという発想に基づき、また正しい答えを持っているのが誰なのかも確かでなくなる……という状況なので、だから否でも応でも……一緒に意思決定をし相談することになる。

これは何もラーセンがその指揮権を放棄したというわけではない。全くその反対である。「ラーセンこそまさに意思決定者なのである」とニールセンは言う。「彼が、とことん話すことを促し、合意を得るよう試みる。それはそこまで。何が正しい答えかに関しての自分のアイデアを持っていて、他からアイデアが出てこないと、『自分の見方はこうだ』と言う」

リーダーは、もちろん、重要な問題点に関する対立をマネジし対話を促すために、かなりの時間と努力を注ぎ込む用意ができていなければならない。これはチームが別の見方を理解しうる唯一の方法である。それは、このレベルの人々がこれまで経験の外にあったものを学び、それにおのれを賭けるようになる唯一の方法である。

よくやりがちなのは、経営者が答え（戦略）を得ることに時間を潰しすぎることである。様々な責任分野における戦略の効果的な実行を可能にするような、組織の学習ニーズを促すことにはほとんど時間を使わない。組織にいる全員が同じゴールに向かって集中しうるようなことには、ほとんど時間を使わないのである。対話を促すことは、こうした欠点を改善するうえで大いに効果があるが、それには、リーダーが非常に効果的な聴き手になることが必要である。優れたリーダーは重要な問題点の根因への関与の仕方をよく承知しており、チーム・メンバーが問題解決プロセスにおいてお互いを資源として（競争相手としてではなくて）使うことも上手に促進する。

次の章では……

ディー・ホックの経験からしても、変革とは、刺激と恐怖の両方を与えるものである。それは深いところで「自分が誰なのか、そして自分の価値観とは何なのかを、自問自答させる」からである。恐怖心があっても、と前置きをして、ビザ・カードの創設者はこう結論づけている。「リスクをとれ。それは十分価値のあることだ！」

なるほど、その通りである。しかし、リーダーは解決案の策定をめぐる例の適応型の要素に関して働いているときは、まさにストレスがたまるプロセスの只中にあるので、こうしたアドバイスには疑いの眼を向ける。チャンスが増えるとともに、ストレスもまた全員に増えていく。ストレスは有用なものだが、ただほどほどに必要なものである。生産的なストレスと職能遂行を妨害するストレスの間に、極めてデリケートなバランスを見つけ出さなければならない。

次章で論ずるように、リーダーは、圧力が強くなりすぎたときには、それを逃がしてガス抜きする方法を見いだすことによって働く人々のストレスのレベルを減らさねばならないが、他方、自己満足に陥るようになったならば圧力を加えることも学びとらなければならない。リーダーの最もデリケートな課題の一つは、要求された変化を生み出すために必要な不均衡が、どのあたりで適切なレベルかを測れるようになることである。

第9章　部下の苦痛を調整する

長い間、料理を速く仕上げる最も効果的なやり方の一つに、圧力釜の使用があった。蒸気圧で熱を蓄積させることにより、より素早く、しかも常に味わいのある料理を作れる。不便なところは、まちがった使い方をすると釜を爆発させてしまう恐れがある点である。

圧力釜は適応化対策の中にあるビジネスにはピッタリの喩えとなる。会社の望む結果を生み出そうとして熱と圧力が結び付いた時に進歩が起こる。熱と圧力がなければ、何も達成されない。しかしここで一言、警告を発しておかないと、とんでもないことになる。労働を担う人々への圧力のかけすぎは麻痺を導き、結局、何もかもきちんとは行われなくなる。人々は不安になり、へとへとに疲れ果ててしまうので、たとえば、朝食にグレープ・ナッツかレーズン・ブランのどちらのシリアルにするかといった単純な選択ですら大変な重荷としてのしかかってくる。他方、圧力のかけなさすぎも、自己満足を導く。ストレスのかけすぎと、かけなさすぎの間のデリケートなバランスをとることはリーダーの責任である。このプロセスをつねに警戒し、必要なときには熱を加え、逆にまた、圧力をかけすぎたと思ったら蒸気を外に逃がす。

ストレスや悩みはある程度、圧力釜の中にいる社員には避けられない。すでに第二の天性となっている職務を果たす態度やスタイルを変えるよう求められているのだから、抜本的な変化が会社で起こるときには、適応化対策が要求する新しく生まれた価値観が、組織の伝統的な現行の価値観と、おそらく衝突するだろう。曖昧模糊としか思えない計画や不確実に思える未来計画に資するために、職務はその内容を一新されたり消去されたりし、新しい責任が割り当てられ、これまでは大事にされて役に立ってきた生産的な親交も解消されてしまうかもしれない。

悩みのレベルが高すぎると、人々は心理学的な麻痺状態に陥る。誰もがこうした経験をしてきている。レーズン・ブランとグレープ・ナッツの間にある断崖絶壁に押しつけられたために、たとえいかにそれが単純なように見えたとしても、到底二つ以上のことなど扱えないと感じてしまう。ビジネスにおいて、ストレスが生んだ麻痺はすべてにおいて非生産的である。悩みが一定のレベルに達すると、学習することはおろか（実際上一時的にだが、より多くの情報を取り入れたり処理したりする認識能力すら失ってしまう）、それまであった能力ですら発揮できなくなってしまう。

リーダーはこのような心理的な混乱の徴候を無視することはできない。悩みのありすぎとなさすぎを的確に識別し、調整しなければならない。時としては、悩みの種がリーダーの本当の役割に対する社員の誤解に起因することがあるのも認めなくてはならない。社員によっては、リーダーがすべての問題を難なく解決してくれるだろうという誤った思い込みのゆえに、ストレスが異常に大きくなるような不快な状態を経験するものもいる。皆の持っているスキルを総動員すれば問題を解決できるのに、むしろ手をこまねいて命令を待っているのだ。

人々が新しい圧力と悩みを初めて経験するとき、そのすべての眼差しは助けを求めてリーダーに向けられる。「こんな状態はなんとかしてくれ。帽子から別のうさぎを出してくれ。秩序を回復してくれ。希望と信頼をあなたに託しているんだから」と言わんばかりである。しかし会社がその新しい大目的《アンビション》を実現し、そのための新しいコンテキストをしっかりと構築したいと願うのならば、リーダーは応急処置をしたいという衝動に抵抗しなければならない。というのも、その一見魅力的で馴染みのある行動をとることは自己満足を導き出すからである。逆説的に言うならば、リーダーの仕事には、一定のレベルの不均衡をむしろ保つことが含まれているのである。それは本当の変化のプロセスの中になくてはならないものなのだ。

ブライアン・ニコルソン卿は英国郵政省において直属の二人の部下が、あるビジネス問題をめぐるすさまじい争いの中に閉じ込められたときの出来事をよく憶えているという。均衡を回復させるためにみずから介入して働きかけたが、一人の部下のメッセージをもう一人に、自分なりの解釈をまじえて伝えようとして、そこで思い止まった。というのは、意図としては良いが、これは間違ったやり方だと考えたからである。そのままにしておいて、自然の成り行きにまかせておいて、底にある問題点を浮上させる方がより重要で、ためになるとすぐに気がついたのだ。自分としては葛藤が好きではないので、とりあえず仲裁したことを、ブライアン卿は率直に告白している。ちょうどその部下は、健康なレベルの不均衡を維持するために葛藤を受け入れて生きることを学ぶ必要があったので、ブライアン卿はそうしたのである。

逆に、もしリーダーが何としてでも平和を維持しようなどとしたら、学習の機会を失い、いかなる会社の変革に際してもその大敵となる自己満足を招き入れてしまう。エネルギーを搾り取り、学習を阻害する自己満足は、リーダーがそれを避けるためにある程度の圧力のレベルを保っておかないと、必ずやすべての社員に伝染してしまう。麻痺と自己満足は、悩みを減らそうとして陥る失敗の二つの症状といえる。

カリフォルニア州クパチーノにある、この地球上で一番のICメーカー、インテル社の畏敬すべき会長のアンドリュー・S・グローブは、「悩み」という言葉よりむしろ「恐れ」という言葉を好むが、その言わんとしていることは同じである。グローブは、リーダーの最も重要な役割についてこう述べる。「人々が市場で勝つために、その情熱をもって献身できる環境を創造することである。恐れはこのような情熱を創造し維持するのに大きな役割を演ずる。競争相手への恐れ、倒産への恐れ、間違ってしまうことへの恐れ、失うことへの恐れ、それらのすべては強力な動機づけ要因となる」その狙いは、グローブの見方では、従業員の恐れを適正なレベルに保っておくことである。失うことを恐れていてほしいのである。いつの日でもよいが、経営環境の中の、とある変化がゲームのルールを一変させてしまう可能性に注意を払って欲しいのである。恐れが社員の生き抜く本能となって欲しいのである。

グローブも社員が経験する恐れを調整したいと願っている。たとえば、ミドル・マネジャーは悪いニュースを上に伝えると罰せられるなどという恐れを抱いてはならないとする。グローブ型の経営方式では、悪いニュースを注進してくるメッセンジャーを射ったりはしない。人々が、アイデアを口にしたり、信ずることをハッキリと表明したり、意見を交わしたりすることを妨げるような恐れは有害なものである。社員が意見を自由に口にすることを恐れること以上に、会社をダメにするものはない。むしろ、恐れのない状態などはありえないのだ。グローブは、個人的経験と心理学的内省から、この結論に到ったのである。彼が言うには、恐れこそが彼にEメールを毎日チェックさせる。本音では「すべて大丈夫、そんなのは杞憂でしかないよ」と言いたい時でも、あえて悪いニュースにも耳を塞がずに聞く勇気を、恐れは与えてくれるのだ。

適応指向型の仕事も全体として、働く人々に一定量の悩みを与えるし、また与えるべきものなのである。ストレスをつのらせるのは、実はその予測できないところにある。適応指向型の仕事なるものは、一定のリズムに合わせて進むものではないし、その一部として本質的につきまとうストレスもまた然りである。会社の変革プロセスにおける悩みは、さまざまな環境下で、またいろいろな時に、そして多様な人によって引き起こされる。だから、リーダーは解決策の全体としての進み具合だけを見ていてはならない。働く人全体のストレスから目を離さないと同時に、各個人にも目配りをしておかなければならない。これこそリーダーの本当の仕事なのである。バルコニーからの眺めを身につけ、現場で展開される細かい点に目を配らなくてはならない。環境に即して、熱と圧力を加減しつつも、悩みを調整することがその責任なのである。

ミドル・マネジャーの役割を変えると決めることは、前章で述べたように、マネジャーとその部下たちの両方に悩みの種を植え付ける。マネジャーは権限を失ったように感じるだろうし、働く人々はそれまでやってこなかったのに、突然、権限を引き受けろなどと言われる。しかし、この二つのグループが経験する悩みの本質は同じものではない。マネジャーは恐れと怒りを覚えるのに対して、その部下たちは仕事をめぐる期待に関して混乱と苛立ちを感じやすい。このような環境下においては、リーダーは、マネジャーの悩みのレベルが麻痺の状態まで高まらないようにすると同時に、部下グループの混乱が自己満足を招かぬよう気を配ることが肝要である。言い換えれば、従業員の悩みを理解し調整するというリーダーの仕事は複雑なプロセスであり、用心深い行動と同時に、時には、大胆で素早い行動が、義務としてのしかかってくるのである。

悩みを調整することは、個別的に、ケース・バイ・ケースで実行しなければならない。責任感のあるリーダーは、適応指向型の仕事が潜在的に葛藤をもたらすことに気づいているので、会社を良い状態に保つためには、悩みのレベルが高くなりすぎたり低くなりすぎたりすることもあることを認識している。私の同僚のロン・ハイフェッツが言うように、リーダーは、「言葉の下に流れている歌に耳を澄まさなくてはならない」。

ときとしてリーダーは、新構想を進めるために、「燃えているプラットフォーム」、すなわち危機意識を創り出さなければならない。たとえば、SASはいつも危機的状況にあるように見えるが、会社としては儲かっている。一方、ブリティッシュ・エアウェイズはつねに平静な状態を保っているように見えるが、それでもどういうわけか、いつも赤字である。

悩みを調整するという課題を遂行するにあたり、問題点や状況が、「成熟」しているのか「未熟」なのかを、見分けるべきだとロン・ハイフェッツは提案する。ハイフェッツは、「行動しなければという切迫感」が会社全体で感じられたときは、問題は熟していると見なす。切迫感が経営陣や社員の一部の領域に限定されているときは、問題は未熟であるとする。適応指向型の仕事の間に広まった自己満足のような成熟した問題点は、組み立てラインで麻痺の兆候が現われたときのような未熟な問題点よりも手を打つのは容易である。

ここから先の記述では、成功している会社がどのようにして悩みを使って働く人々を引きとめる課題に取り組んでいるかを示すが、ハイフェッツが言っているように、それは「生産的不快領域」の中において行なうものである。また、どのようにしてそれを会社の中で達成したかについても専門的見地から検討することにする。

▼いかにして悩みを調整するか

適応的学習のために時間を割くことを認めるような環境を創造する。しかしアンビションを成就させるためには、スピードもまた要求される。

リーダーは優先順位付けをし、順序を定め、仕事のペースを決めなければならない。もしリーダーが圧力に屈してすべてが大切であるなどと宣言したり、またペースを落としたり、他の仕事を止めたりすることなく新構想を始めたら、従業員を圧倒してしまう危険を冒すことになる。洞察力のあるリーダーならば、人々を守るためにはいかに（そして、いつ）変化のペースを調整するかを心得ている。それは、一つか二つの革新なら成功するチャンスが高まってきたときに、同時に四つもの革新を起こそうとするなどという愚を避けることである。

たとえば、ブリティッシュ・エアウェイズでコーリン・マーシャル卿は、内部志向から顧客志向へと切り換えるのに、二年から三年以上の期間をかけている。重要な問題への対処は、すべてを一度に行うのではなくて、むしろ一時に一つのことを扱う。コーリン卿は、妥当だとは思えないが達成はできるような期限を定め、起こすべき変化の適切なペースを計算することによって、社内の全階層の社員が打ちのめされることなく、何をどのように変化させるべきか学ばせている。全員が、かつては、手も足も出ないと感じていたが、コーリン卿のアプローチによって相互信頼感と首尾一貫性が養われたことを思い出してほしい。

以前の構想や計画を遅めたり止めたりできないのが人間の本質であるということは、火を見るより明らかである。経営者としては以前に賛成した計画を引っ込めるのは難しい。とかく経営者は、古い構想を止めることなく新しい構想を加え続けて、自分の能力の限界のギリギリまで働いたり、それ以上に無理をしたりするが、それだけではない。すでに働き過ぎの部下にまで、もう一つ別の最優先事項をこなせと注文をつける。

かつて私が手伝った二、三の会社に、その時のプログラムや新構想や活動を三〇％ほど減らせと提案したことがある。経営幹部は頭ではわかったと同意はするが、実際問題としては命綱を切ったりはできない。「これを加えるなら、それは止める」と命令しうるような審査システムを確立している組織などめったに見られない。簡単に言えば、多くの組織では、どの計画を止めるかも、また止めるべき計画の評価の仕方も知らないのである。構想の供給過剰を仕分けるのを助けるために、私はリーダーたちには自分がこの事業を買収したばかりのレバレッジド・バイアウト（外部資金により行なわれる企業買収）・チームの一員であるかのように想像してほしいと、アドバイスする。そうすれば、諸々の構想の中でどれを続けるべきかが、かなり正確に判断できる。

進捗度を測定する方法を与える

優れたリーダーシップのカギとなるのは、社員に対して適当なレベルの圧力をかけて、そのポテンシャルを完全に引き出すように働かせ、その仕事に焦点を当てさせ続けることである。社員はどれくらい自分が進んでいるかを知る指針がない限り、最終的に新しく打ち出した構想の成否を占う最重要問題に集中することができない。「結局のところ、統制ではなくて、プロセスが必要となるのだ」とBP石油のラッセル・シールは言う。「大組織を経営してきた二五年間に何かを学んだとすれば、それは指示命令では人は動かんということだ」正しい測定法を定めて導入することが、適応的変化のカギであり、特に顧客への対応がゴールの場合にはなおさらである。

その好例として、「すべてに標準がなければならない。さもないと、進歩しているのかどうかが分からない」と信じるフォード自動車のジム・オコナーの場合があげられる。顧客サービスを全面的にオーバーホールした際の進捗度を測るために、フォードはすべてのプロセスにおける測定基準を確立した。たとえば、「〝九五の五で行く〟ことを奨励した。すなわち、電話がかかってきたら、その九五%は五回の呼び出し音が鳴る前に応答するということである。また出なかった（応答できなかった）回数も測定した」とオコナーは説明する。会社はまた、応急部品の配送は二四時間以内に、リクエストや苦情に対する文書による返答は三日以内に、という基準も定めている。

個人個人のゴールを達成するために社員の進捗度を測定する個人別のプロセスを設定することによって、会社は改善目的のために圧力をかけられる。同時に、期待に果たして応えているのかどうかが分からないことからくる不安による圧力を軽減できる。良いか悪いかという具体的な数字は、投入すべき努力を再活性化しうる（「その調子、やり続けるんだ。もうすぐだぞ」とか、逆に、「もっと一生懸命頑張れ。遅れてるぞ」など）。

「安心して一緒にいられる場」（英国の精神分析家のD・W・ウィンコットの言葉）を創造する

リーダーの役割の中軸となるものは、人々が最高の仕事をしうるように進められる条件の創造である。これらの条件の中には、反対意見を述べても不安に感じないとか、その渦中にある変化が果たして必要なのかどうかに疑問を投げかけうるような、心理的に安心できる環境が含まれる。また、個人的な問題をとやかく言われないような雰囲気の中で協働できるような組織があり、そこで様々な部門の人々とやっていけるような現実の物理的空間があることも大事だ。とにかく、安心して一緒にいられる場は、リーダーが組織の中で協働化を実現したいと願っているのならば必須の条件である。それは直面している挑戦について、社員の中での率直で開かれた対話を誘発する。それはまた会社の成功に向かって貢献しているというプライドや情熱を与える。

ルード・コジャックが一〇〇人の部下に、旧態依然たる企業文化を再評価し、新しい文化としてあるべき価値観を明確に定め、新旧の両方が共有すべきものを明示せよ、と指示したKPMGの例を思い出してほしい。その仕事は、日常の勤務場所とは別の空間の中で行なったのだ。毎日カジュアルな服装で仕事場に現われ（ネクタイを外すことで解放感を与える）、階層秩序などよりも着想の重要性が優先するような心理的環境を創り出したのである。こうした「安心できる空間」は、KPMGの新しい文化のベースとなる価値観を、同僚にもはっきりと示すという共通した使命感を与えたのである。

コーリン・マーシャルもブリティッシュ・エアウェイズでこのような心理的空間を作った。社員が新構想を生み出すために、まず個人として自由に行動させるとともに、ＢＡの問題を解決するための協働化も促して、お互いの経験を伝え合う努力も怠らぬよう指導することでつくり出した。同様に、ヤン・ティマーも、社員を「勇気づけ」て、彼らがお手あげだと感じないようにストレスを調整することが、自分の仕事の中で最も大事なことだと言っている。ティマーはこう奨める。

全員を討議に参加させる。……全員に外部環境にさらさせる。新しい考え方をするよう促す。何千もの小プロジェクトを起こし、健全な競争を誘発し、その成功には目に見える褒賞を与える。……こうした「ボトムアップ」のアプローチに以前にもまして自信を持つようになった。リーダーは現場にいる人々の代表でなければならず、熱意を喚起し、実践活動を共有するようにしなければならない。

権限を欠くリーダーの発言を防ぐ

こうした元気づけるための発言は、間違った時に過剰なまでの情熱を込めすぎてなされることがある。情熱は混乱の度を深めることがあるので、参加者はリーダーに向かって、「うるさいな、静かにしてくれ」と言う。こう言われたらリーダーは、そうした発言に対して、誰だそんなことを言う奴はなどと詮索してはいけない。それは価値のある見方を提供し得るからである。リーダーの本当の仕事は、これらの本当の声を聞くことであり、耳に痛いかもしれないが、言わんとすることを感じとり、どこかほかのところでは聞けない声に謙虚に耳を傾けるべきである。反対の見方を抑圧しようとする本能にあらがい、リーダーはバルコニーに登り、異議を唱える声の立場から企業を見直し、「この人間が言わんとしている別な考え方とは何なのか。なぜこれを聞くことが重要なのか。自分は何かほかに見落としてはいないか」と問わなくてはならない。

リーバイス社のCEOのロバート・ハースは、自分と部下のマネジャーが、由緒ある昔ながらのブランドであるブルー・ジーンズがいろいろな場で衰退していることを伝えようとした小売業者の声にもっと注意を払うべきだったと悔んでいることだろう。会社を良識ある経営のモデルに仕立てるために、現在、実施している大規模なリエンジニアリング努力に夢中になるあまりに、ハースは、市場と若者の気まぐれな好みに遅れをとってしまった。現場の人間が現に見てきた実態を報告するときでさえも、リーバイスの経営層は、ある取扱業者の言葉を借りるならば、「そんなことは信じたくない」という態度であった。今や、売上げは鈍化の一途を辿っている。リーバイス側が判断した市場価値は落ち放題であり、会社は少なくともその過去の栄光のシェアを取り戻すために苦難の道をよじ登っているところである。

厳しい質問をする人々、苦しい実態を明らかにする人々、組織の内部の矛盾に注意を促す人々を大事にするべきなのである。権限を持たないがゆえに、これらの人々はその上の権限を持つ人々の行った決定を、一層厳しく自由に分析する力を持っている。ここで一言、警告しておきたい。このような人々をスケープゴートにすることは、とりわけ緊張した雰囲気がすでに高まっているときには、たやすい。平社員からの批判にさらされて危機を感じているミドル・マネジャーに対して、すべての意見は歓迎すべきものだということを明確に強調しておかねばならない。

自分自身が適応への挑戦で何ができるかをハッキリさせる。

多くの個人は、会社が挑戦に直面するたびに、変化するように求められる。自分としての最も適切な適応上の課題と、それに伴う挑戦と行動のことをよく考えなければならない。リーダーは、自分の問題の一部として、あるいは解決案の一部として、身構えることなく、自分自身を見直そうとする人々を助けなければならない。社員に、次のような自問自答をさせる。すなわち、自分は何ができるか。どうやって自分ならではの貢献ができるのか。どんな古い習慣を捨てる必要があるか。リーダーがこうした責任を自分自身で引き受けようと、あるいはKPMGのルード・コジャックがしたようにタスク・フォースの力を借りようと、その目的は同じである。組織の成長を阻害する行動を変化させ、古い習慣を捨てさせるプロセスに取りかかるときには、組織にいる人々がカウンセラーやコーチの役割を果たす人々を利用できるようにすることである。

次の章では……

リーダーがとりうる重要かつ生産的な行動の中で、社員に対してできることといえば、会社での立場いかんにかかわらず、彼らには責任を担う自由があるという気持ちにさせることである。リーダーは、社員が言われたことをやるのを消極的に待つのではなくて、むしろ、彼らに対して新しい構想をみずからスタートさせ、自分自身で考え、意思決定を行なうように奨励しなくてはならない。次章で強調したいのは、会社の全員が、働く人々のスキルを伸ばすという責任を引き受け、業績に関して大きな貢献をするやり方についてである。

第10章　全員に集団としての責任を取らせる

この章で主張したいのは、リーダーは人々に責任を担うように励まし、変化を引き受けなければならない人々の手に仕事を差し戻せということである。責任を成功裡に引き受ける前提条件となる、学習と脱学習《アンラーニング》のプロセスに従業員が取りかかるために準備した環境を、リーダーがどうやって活用できるかを論じたい。ロータス・ディベロップメント社の前会長兼CEOのジム・P・マンジは、かつて「三人の方が一人よりも知恵がある」ことに気づいたと述懐しているが、私も同意見である。

伝統的な事業においてリーダーは、働く人々とのコミュニケーションの手段と手続きを固め、これをミドル・マネジャーの手によって実施させ定着させた。働く人々は命令を守り、新しい状況が持ち上がったときには、マネジャーのアドバイスを求めた。今日では、ますます多くのリーダーは、こうした取り決めは、社員の知識や、スキルや、企画など、会社が有する最も重要な資源に大きな制約を加えるものであることを悟ってきている。会社が戦略的問題に直面するときは、このような貴重な資源を十分活かす必要があるのだ。

そこで多くのリーダーは、組織の意思決定方法を考え直すことによって対応した。リーダーは組織に対して問題解決をするために最高の〝装備〟をさせている。アライド・シグナル社のラリー・ボシディは言う。『人々の脳と想像力と献身を活用せよとは、誰でもよく言うことだ。自分の仕事については上司のリーダーよりよく知っているのだから、これは理の当然である」

しかし、私が論じたいのは職責を再配分するなどということを越えたことなのである。問題はしばしば機能横断的なものなので、責任の所在がなかなか明確には摑めない。このことは、リーダーの本当の仕事は「こぼれたボールをキャッチして、とにかく走れ」という態度をマネジャーに教え込むことである、ということを意味している。仕事を行なう人は、仕事の枠組みづくりにも責任を持てということで、リーダーは社員がこの目的のためのワーキング・スタイルに適応するのを支援しなければならない。このなかでもとりわけ最も重要なことは、もちろん、脱学習(アンラーニング)、すなわち、今まで学んだことを捨てることである。古いやり方が捨て去られるまで、だれも前に動くことはできないのだ。

上級リーダー、ミドル・マネジャー、そして現場で働く人々は、いずれも昔ながらの命令と統制によるシステム下で働き、定められた役割を最大限にこなすことには慣れている。しかしこのスタイルを放棄させることは、リーダーが行なうべき唯一の変革ではない。人々はまた新しい選択と行動を縛っている根の深い信条と無言の前提条件という呪縛からも解放されねばならない。リーダーシップの行使が、毎日組織中の多くの人々によってなされていることをまずよく認識しよう。Ｊ＆ＪがＩＴを使いこなすという課題に取り組んだときは、意思決定の分権化を含むさまざまな課題に対応する必要があった。人々は急にこれまでの習慣を捨て、よく馴染んだ働き方をやめるよう求められるのである。しかし、こうした大転換を果すべき時代は来ているのだ。成功するリーダーは、命令《コマンド》と統制《コントロール》によるリーダーシップ・モデルから、《ワールド・リンク》誌が「命令《コマンド》とつながり《コネクト》」と呼ぶリーダーシップ・モデルへと移行しているのを理解しなければならない。

ポール・ガーウッドはユニリーバの織物部門でこうした状況に出くわした。創造性や革新性を促さず、常にＰ＆Ｇの後塵を拝するといった文化に直面して、これではいけないと思いついた。ガーウッドはまず相手に勝てる戦略を創り出して実行するために、専門知識とアイデアを使うよう人々を動機づけることにより、組織内の至る所で集団としての力と自信を植えつけようと心がけた。自分たちの未来には自分たちで責任をもつべき時だと信じていたからである。このような急激な変化を導入しうるには、ユニリーバの社員みずからが最高の仕事をするのを抑えつけていた疑いと不安感を放棄しなければならなかった。

マイナスのイメージをプラスに変えるためにガーウッドは何をしたのか。まず、一週間にわたるセミナーを催し、ハーバード・ビジネス・スクールとＩＮＳＥＡＤの教授陣を招いて戦略における新しい考え方とアプローチを社員に教え込み、その視野を広げるようにした。なかには、新しい顧客のニーズについて学ぶために、希望して極東地域へ出張した者もいた。また、マサチューセッツ州ケンブリッジのMITへ出かけて未来研究をした者、カリフォルニアの研究所をいろいろ訪ねた者もあった。ガーウッドは同一の建物の中でもそれぞれの仕事に集中できるように別々の部屋を分け与えた。最終的には、答えを与えることはせずに質問をぶつけて動きまわり、資源とサポートを与え、新しい仕事に従事している人々を激励し続けた。ガーウッドは社員が自分の仕事を効果的にこなす状態を創り出した。不満ばかりがつのることからくる、いわば集団的な鬱の状態から脱け出させようとしたのである。どうせしがない二流という心理状態を捨てさせたのである。最も重要なのは、ガーウッドがチームに失敗への恐れを理解させ、それをかなぐり捨てさせたことだ。リスクをとることをいとわぬことからのみ、真の成功が生まれるのだ。

ヤン・カールソンがＳＡＳの子会社ウイングレッサーの経営を引き継いだときは、まだ三〇代前半だった。「自分が受け入れられないことと、失敗することを恐れていた」と彼は回想する。そこで他の若くて経験の少ないマネジャーがよくやったように、カールソンも上司のやり方をそっくりに真似て、上司ならこうするだろうと思ったやり方で行動した。

「ネクタイをまっすぐに直して、スタッフを呼び出した」と往時を思い起こし語る。「次々に、オフィスに呼び入れては、ああせい、こうせいと全社に指示を出した。『時刻表を変えろ!』『あのホテルと交渉しろ!』」〝勅令によるマネジメント〟などとカールソンがやや自虐的に呼んだそのやり方は、どんな状況の下であれ、指示命令の日々であった。

「そこで行なったことは、おそらく、たいがいの人間にとって初めてスポットライトが当たるときに体験するようなことだったろう。与えられたと思い込んだ役割を実演するために、これまでと異なった行動をとり始めたのだ。

私はすべてにおいて部下ができる以上のことをやれるものと期待されている思っていた。だから私としては、そうするには、すべての意思決定を自分が行なうべきだと考えていたのだ」

経験に基づく知恵が欠如しているのに、それでも全員の抱えるすべての問題の解決策を即座に出さなければならないと考えたがために、不十分な情報で無数の意思決定をしたのだとカールソンは述懐している。

それでもなおカールソンや、またすべてのリーダーにとって、こうしたことはいわば一度なら ず学ばなければならなかった教訓であった。数年後、SASのトップの地位に立ったときに、彼は会社の航空貨物部門の人々に新戦略をつくるよう求めたことがある。だが、相手側の反応に失望し、航空貨物の業務担当マネジャーに文字通り膝詰めで、こう言った。「これはそれほど難しいことではない。市場が望んでいるのは、もちろん、ドアからドアへの宅配サービスだ。そのようなシステムを開発してほしい」マネジャーは一応従いはしたが、キャンペーンは大失敗に終わった。

　私は……ピラミッドのてっぺんから、全く馴染みのないビジネス状況についての意思決定をしたのである。航空貨物市場の特別な構造と分業体制についての基本知識が欠けていたのだ。私は……航空貨物のマネジャー自身にどんどん工夫させる雰囲気を創り出していれば、失敗しないでも済んだはず。代わりに、自分のしていることがよく分かっていないくせに、自分で決めるという安易な道を選んでしまった。

　フルーア社（米国の建設・鉱業会社）の会長兼CEOのフィリップ・J・キャロル・ジュニアは、シェル石油に在職していた時の経験をこう述べている。シェルに来る前、キャロルのリーダーとしての唯一の経験は、命令と統制によるマネジメントの典型例とも言える軍隊にいたときのものであった。シェルに入ったとき、同じタイプの業務遂行システムであることに気づいた。したがって、この方式が本質的に抱えている欠点に気づくまでは結構楽にうまくいっていた。「おそらく部下に対してもっと余裕を与えていたら、あるいは初期の段階で答えを与えたりしなかったならば、より良い解決策が出ていたはずだ」とキャロルは思い出す。

　しかし、やがてそれまでの方式ではいけないとの結論に到達するや、キャロルは、この巨大企業の内部に大変化を起こすことができた。その過程で、同僚にも貴重な教訓を学ばせた。「自由にならない限り、実際に自分の責任を感じることはない」これを別の言い方をすると、社員は単に命令に従うことだけならば、気を入れて働くことはないということである。自分の仕事に関する決定に関して何もインプットしないと、その結果に関しては無関心になる。

シェルのゼネラル・エグゼクティブ・オフィス（GEO）は、社長と三人の執行副社長からなり、予算部門も含み、巨大なシェル石油の動きを事実上すべて決定する組織である。毎年、各部門のリーダーはGEOの前に来て、この油田に一〇億ドル、こっちの製油所に一〇億ドルの投資をというように親会社に要請する。石油業界では、このような大規模な計画は何年もかけて完成されるので、企画を出した人間が結果を出すときまでにはいなくなっていることがしばしばで、それはつまり誰も責任を負わないことを意味していた。

キャロルは事業部制を、それぞれが独自の役員会を持つ、より小さな組織単位へと分割した。分社の各役員がGEOに訴えてくるとキャロルはこう言う。「配当要件も決められているし、それは資本の使い方で決められる。それに負債もある。だから、次の新規投資をしたいなら、それは私が決定することではなくて、皆さんがたの決定事項なのだ。配当支払要求を満たし、その資金手当を調達するか、それとも借金がかさんでいくのかを決めるのは、そっちの仕事だ」

キャロルは、この新しい環境の中で、マネジャーが問題の枠組みをつくり、またこの新しい環境における仕事のやり方と結果の出し方を学びとるのを助けた。つまりは適応することを助けたのである。自分の会社を経営する自由を与えられた各小単位のリーダーは、本社から大きな金を注入してもらうことを考えるのをやめ、考慮中の企画への財務感覚に対してより一層注意を払い始めた。突然、アカウンタビリティ（説明・遂行責任）がそこに生まれたのである。

これは後日談となるが、まだシェルの会長兼ＣＥＯだった頃のキャロルとの長いインタビューの中で、採用した人間に意思決定権を譲るときの気持ちはどんなものか聞いてみたことがある。これがその答えである。

本当のところを正直にぶちまけると、会社に入って一つの仕事を始める際にはそれがどんな仕事であっても、この職務もどうこなしたら次のより輝かしい職に結びつくかを考える。しかし、ここが最終地点だと確信しうるような地位を手に入れたときは、陳腐でおセンチに響くだろうが、会社を去っていく際自分はどんな遺産を残せるかを考え始める。

となると、考え方も物事の見方も大きく変わる。ＣＥＯになる前の数カ月間、そのことについて反省したり読書したりすることに多くの時間を費やした。トップの仕事は、いわば高度の曖昧さに満ちたものである。しかし、進んでいる方向についての仮定や前提の下にある確実なものを何としてでも手にしなければならない。もしすべてが曖昧模糊としていて、何が正しくて何が間違いかについての全体像が不鮮明だったならば、望みはないと思う。

キャロルは、リーダーが自分の限界に関しても現実的であるべきだと信じている。どれだけ多くの正しい判断をしていても、同じくらい多く間違っているはずである（第8章のディー・ホックが自分は全能と考えることを「心のアキレス腱」と名付けたことを思い出してほしい）。キャロルが言うように、リーダーは喜んでこう言わなければならない。「他の人間だって優れたアイデアを持っている。だから自分がすべての球を打ったならば、会社としての打率は悪くなる」と。

さて、先述のフィル・キャロルの言う〝遺産〟はどうなっただろうか。より多くの人々を意思決定プロセスに加えることが、彼の見解では会社成功のカギとなっている。「だから私の〝遺産〟の大部分は、思うに、より多くの人間を参画させたことにより、より多くの人間の質のレベルを上げたことだろう」こうした自省をすることこそリーダーの本当の仕事であると言いたい。「背伸びをさせて」ゴールを達成させるには、リーダーはマネジャーに外部の環境を理解するプロセスに従事させ、より前進するために会社が要求する能力、権限、価値観を、キャロルのひそみに習って明確にすることが肝心である。最終的には、適応指向型の仕事のプロセスはその根底において、各個人が価値観や「文化」を共有することに依存しているので、人々はお互いに自信と信頼を経験できるようにリードして、新旧の問題への革新的な解決策を発見し実行するというゴールに向かわせるようにしなければならない。

キャロルのような一流のリーダーは、ビジョンだけではもはや十分ではないことをよく知っている。本当の変革を達成するには、リーダーはマネジャーが戦略の実行責任をとるように積極的に働きかけて協力しなければならない。リーダーは対話を促すことによって、あらゆる階層の社員にトップの提案した新構想の背後にある論理を十分理解させなければいけない。こうしてこそ初めて人々は、自分たちの相互作用を促進してくれる価値観を身につけることができる。

ヤン・カールソンがＳＡＳの関連会社のリンエフリュクの社長になった一九八一年、同社は赤字に追われていた。彼は最初から、従業員がみずからイニシアティブをとり、より大きな責任を身に引き受ける重要性を説いた。スウェーデン中からリンエフリュクで働く人々を同社の大型格納庫での会議に呼んだ。集まった人々を見渡せるような高さ五メートルもある梯子の上からカールソンは、大声でこう叫んだ。「この会社はうまくいっていない。赤字続きだ」リンエフリュクの新社長になったという事実にもかかわらず、自分は何も知らないことを率直に告げ、さらに続けてこう言った。「自分一人ではこの会社は到底救えない」

「リンエフリュクが生き延びる唯一のチャンスは、皆さんが私に手を貸してくれるかどうかにかかっている。すなわち、自分自身で責任を引き受け、アイデアと経験を分かち合って、一緒に働こう。私にも、いささかアイデアがある。それも使えるとは思うが、最も重要なのは、私を助けうるのは皆さんであり、その逆はあり得ないということだ」

彼が何をしようとしているかを告げるとばかり思っていた人々は、驚くとともに、感銘を受けた。基本的な考え方を明らかにしてくれたからである。会社の顧客に最も近い人々、顧客が必要とし望んでいるものと、市場における変化を見定めることに彼より精通している人々に訴えたからである。またラリー・ボシディの言葉を借りれば、「その仕事をだれよりも知っている人々に心から呼びかけたからである」。

カールソンは、リーダーとマネジャーと現場で働く人々との関係をサッカーに喩えた。コーチはリーダーであり、最強の選手を選び、彼らがベストを尽くしてプレイができるような環境を構築する責任を持つ。チーム・キャプテンはマネジャーのように、現場に出てチームのプレイを引っぱる。だがしかし、プレー中に、時々刻々と変化する状況の中でゲームの勝ちを決めるのは、現場にいる個々の選手なのである。

ミドル・マネジャーは何年も〝スケープゴート〟にされてきた。「その八〇％は強くもないし、自信も喪失している」とある経営者は語った。「これは大きな盲点といえる罠である。その結果ミドル・マネジャーは信頼されなくなる。間違いを犯してもシステムがそのロスを被ってくれる。したがって結局のところ、万事に無責任になるのだ」責めるべきはミドル・マネジャーでなく、そのリーダーである。リーダーの本当の仕事は、マネジャーが自信を持って、「自分にかかわる問題の責任はとる。問題点の枠組みをつくり、仕事が確実に達成されるようにする」と言えるような態度を植えつけることにある。

ミドル・マネジャーの主な役割は、よく言われているように、予算を執行することなのかなと私は長い間、疑いを抱いてきた。たしかに、ミドルでなければ、誰がするのだろうか。多くの組織では、CEOとミドル・マネジメントとの間にはいわば〝静かな握手〟があり、CEOは、とりあえず予算を使いその後で顧客の反応を改善することなら何でもしてくれ、と言っているのではと感じていた。あるミドル・マネジャーが私に言ったように、「顧客満足のターゲットを達成できなかったとしても、怒鳴られるだけ。自分の予算を使いきれなかったら、それこそ首もの」なのである。

「ミドル・マネジメントに対してこれまで自分は偏った見方をしてきた」とテキサコの会長兼CEOのピーター・ビジャーは語る。「ミドルの凡庸さもさることながら、ジェネレーション・ギャップもある。次の世代の人々を動機づけるものが一体何か分からない。われわれのビジネスはいずれも、危機の真っ只中にいる。私はここに朝七時から夜七時までいるが、連中はソフトボールをしに四時には帰ってしまう。問題解決の段になると、『何をしてほしいんですか、社長』といった精神構造になる」

　ミドル・マネジャーはマネジメント・スタイルの変化という海のど真ん中でにっちもさっちも行かないでいる。古い役割を捨てろと要求されて自信を喪失し、さりとて、第一線の人間にその権力を譲る気もない。リーダーにとっては、こうしたことのすべてを変える時なのである。

　解決策の適応的要素面を実行し会社を救うことに向けてヤン・カールソンが突進したときは、現場にその焦点を絞って、素晴らしく早い結果を出したが、チーム・キャプテンたるミドル・マネジャーは無視した。最初は、カールソンも後で言うように、ミドルたちが混乱し怒っていることすら気づいていなかった。突然、ミドルたちは、自分自身が「絞っている」と思っていたら、とんでもない、逆に「絞られている」ことを知る。ミドルは何が何だかよく分からないのに、現場の人間はもっと力を貸せと要求し、上層部は今までやったこともないようなことをせよと命じてくる。第一線の人間の努力を「支援」せよなどと言われると、これは降格だなどと解釈してしまう。

カールソンの事例を挙げよう。SASのストックホルムのターミナルに着いたときに、何百人もの乗客が先を争うようにしてベルトコンベヤーに流れてくる自分のスーツケースを血眼で探しているのを目にした。ベルトコンベヤー番号と飛行便の番号を併せて知らせる電光掲示板も壊れていた。カールソンが案内所に行ったとき、当番の女性は、すでに手書きの案内板を掲げるようマネジャーに提案したと語った。だがマネジャーは耳を貸さず、問題はすぐに解決するはずだと言い張った。すでにそれは一週間前のことだった。そのすぐ後に、カールソンはマネジャーに次のいずれかにせよと指示した。ターミナル階に下りてその場で適宜指示するか、あるいは事務所に留まっていてもよいが、決定権は現場の人間に譲り渡せと。

現場での意思決定は実際問題としてはどのように機能するのか。ミドル・マネジャーが、次のようなことを課題解決目標として設定したとする。社員たちは乗客がスーツケースを回収するためにベルトコンベヤーに着く前に、フライトからのスーツケースのすべてをベルトコンベヤーに乗せなくてはならないと仮定する。駐機場の社員はこれを了承するが、その仕事をするのには、さらに七人の人間と三台の運搬車の追加が必要だと言う。となると、追加人員と装備を見つけることがミドル・マネジャーの課題となる。

伝統的な会社では、ミドル・マネジャーは単に下からの提案を蹴るだけであるが、それは追加人員と運搬車が予算に入ってないからである。しかし顧客への責任が全員の役目である会社におけるミドル・マネジャーは、新しいゴールを引き受けて達成することが大切だと判断し、あえて予算をいじったり予算オーバーをしたりして、結果が十分その賭けに見合うよう心がける。このような組織では、責任の所在は現実に仕事をしている人に移管され、前述のように、マネジャーは飛んで行ったルーズ・ボールをしっかりとつかまえるのである。どの会社でもこうしたアプローチを真似することはできる。

できるリーダーは現場で働く人々から出てくる優れたアイデアを考慮に入れ、そのいずれかを支援する。このように他の人間の優れたアイデアへの信頼感を醸成し、それに手を貸すだけではなく、加えて、社員の創造的思考を促すプロセスをも伸ばすことにより、人々を「リード」する。上の方で考え出された広範な目的であって、それが降りてきたものであろうと、あるいは現場の労働者が開発したアイデアであろうと、いったん新構想として決まれば、ミドル・マネジメントは現場の人間が達成できるようにそうした目的をより細分化する。この時点で、ミドル・マネジャーの役割は管理から支援へと変化する。つまり現場の人々が自分の領域において機会の掴み方や問題解決方法を決め、ミドル・マネジャーは現場がそれを現実化できるようにするのだ。仕事は今やその所属するところに所在し、最高の仕事を達成しうる人間の手の中にあるのだ。

▼全員に責任を持たせるには

以下は、私がともに働いたビジネス・リーダーが身につけた教訓の一部である。

答えを与えてしまいたい誘惑に抵抗すること

誰かにいったん問題を手渡したら、その解決のための自分のアイデアを提示してはならない。たとえヒントでさえも、せっかく、克服しようとしている、昔身につけたやり方をまた作動させてしまう。人々はこれまでは上司の欲する解決策を見いだすよう鍛えられてきた。ボスの望みを部下に探求させるようなスイッチを不注意に押してしまわぬよう十分用心しなくてはならない。

リーダーの本当の仕事は、状況関係《コンテキスト》の設定と、問題解決への枠組みをつくることである。さらに優れたリーダーは、問題点に取り組み解決策を出すように人々に焦点を合わせて指導するような正しい問いかけをする。従業員が解決策をつくってきたとき、それを受け入れたり拒否したりするのがリーダーの役割でないことを知り、驚くかもしれない。そうするのではなくて、リーダーはすべての潜在的な解決案を評価するための対話を促すべきであり、それによって人々が様々な競合する見方の底にある論理を追求するのを助けうるのである。このようにしてリーダーは、より多くの人々を、そしてその知識と知性を、意思決定プロセスへに導き入れられるようにする。

技術的な解決策と違って、この段階においては問題点を「料理」することが肝心なのである。確かに、技術指向型の仕事において、CEOがその答えを知っているならば、それを伝える責任がある。しかし、課題が適応であるときには、成功するリーダーは、その最も力を発揮しうる立場が「コンサルタント」であることを理解していなければならない。

こうした面で、ニューハンプシャー州のスタレイサムに本拠をおくティンバーランド社の社長兼CEOのジェフリー・B・シュワルツはかつて、自分の試みが失敗してしまった数年後に、会社がようやくにして保育所を持つに至るまでの、素晴らしい話をしてくれた。「ある女性が保育施設について何か手を打つつもりがあるか尋ねてきた」とシュワルツは書いている。彼は「何もするつもりはない……自分の子供は自然に大きくなっているし、保育所などは必要ない」と言った。

だれしもが冷たいなと思うような、この答えの後、気まずい沈黙が流れた。しかしシュワルツはそこで話を打ち切ったのではなかった。もし社員が保育所を必要とし、皆もそれを後押しするならば、彼女としては、どうしたいかを知らせてほしいと付け加えることを忘れなかった。そこで彼女は実地に向けて手を打ち始めた。グループを組織し、問題点について社員の意見を聞き、プログラムの導入コストを調査し、財政的支援が手に入るところを見つけ、そして、シュワルツにグループとしての考え方を報告するための会議を設定した。彼がなぜ会議に自分を招いたかの尋ね聞いたときに、躊躇することなくこう答えた。「社長を大いに称賛するためです」彼もすかさず、大きな声で「この会議は本当に素晴らしかった」と応えた。「グループの問題への取り組み方は驚かんばかりだった。私のしたことといったら、むしろ邪魔をしたことだけだった」

たしかに、リーダーが手をつけないでいるのは難しい。命令と統制によるアプローチを用いる伝統的なリーダーは、何としてでも古いスタイルを捨て去らなければならない。伝統的ではないリーダーでさえも、みずからが変化しなければならないのだ。

ロンドン地下鉄のマネジング・ディレクターのデニス・タニクリフは、「最高のスタッフはチームワークの中から出てくる」と言い、こうしたチームワークを実現することが、「リーダーにとって重要な仕事なのである」と迷うことなく述べている。結局のところ、マネジメント思想家のウォーレン・ベニスが述べているように、「三人寄れば文殊の智恵なのである」。それでもなおタニクリフは、正直にこう認めている。「長い間、部下にやらせようとしてきたつもりだったが、実のところはこちらが解決策を出していた。……最後になって、やっと、自分の役割は自分の手ですべてやることではなくて、させることだと分かったのだ。自分で問題を解くなんていうのは、ぜいたくな道楽でしかない。リーダーは自分自身ではすべてをこなすことなど到底できないことを悟る必要がある」

タニクリフが自分の「転換点」と呼ぶものについてこう思い出している。

ロンドン地下鉄は運転手によるストライキの危機に直面していた。ほぼ一〇〇万人が毎日地下鉄を利用し、労働人口の大半の足を奪うことになるので、これは少なからぬ影響を市内・市外への移動手段に与えることになる。

　この事態の要点を社の労使関係担当チームに伝えた。チームは事態の深刻さを理解した。出した指示は、「より高い次元から考えよ。運転士をいらいらさせるな。相手も海千山千だ。ベストを尽くせ」である。するとチームは「まず何をすべきですか」と言ったが、私は「わしゃ、知らん」と答えた。私は、部屋を少し行ったり来たりしてから出て行った。

　家に着いたとき、家内のスーは、「ストライキは終わったわ。テレビで見たわよ」と言った。

　大変気分が良かったのは、答えを与えずに処理できたからである。さらに気分が良かったのは、自分のとった行動が、事あるごとに表明してきた大前提と、むろん常に一貫していたわけではないが、一致していたからである。問題の大きさと結果からしても、特に満足感を覚えた。その時点以後、全員にとってチームワークがとりやすくなったのである。

自信を創造する

　もしミドル・マネジャーと第一線で働く人々がその行動を変化させ、新しいスキルを伸ばそうとするならば、自信を持つ——あるいは獲得する必要がある。そうしてはじめて、各自の責任領域内で、より効果的に権限を行使しうるのだ。

ランク・ゼロックスのバーナード・フールニエもこう指摘している。

ミドル・マネジャーの持つ問題に突破口を開けるのに最も重要なことは、自信をつけさせることである。エンパワーメントは、強くて自信に溢れるマネジャーのためだけの問題ではない。成功するマネジャーは、成功するためには、あえて失敗もありえるというリスクをとる。ミドル・マネジメントの問題で肝心なのは、リスクをとれる自信と、課題を完遂する能力をマネジャーに与えることである。

ヤン・カールソンもこのテーマについて、さらにこう言う。

自信をつけさせる。人間は、はなから自信を持って生まれてはこない。自信は成功と経験と環境の中から生まれてくるのだ……。

リーダーの最も重要な役割は人々の中に自信を創造してやることである。あえてリスクを冒し、責任を担わなければならない。最悪なのは、みずからの役目を恐れ、自信を失うことである。それへの解決策は、たくさんの教育とコミュニケーションである。リーダーは自分の言ったことをきちんと果たさなければならない。部下が間違いを犯したとしても、責めるのではなく、バックアップしてやらねばならない。私の主たる役割は視野を広げさせ、自信をつけさせることである。リーダーは逆のことをすること、つまり自信を喪失させることもできる。

すべてのリーダーにとって重要な課題は、委譲した責任権限に関わるマネジメント・システムをどう作るかである。「良いサービスをしてもらいたい、予算策定の時に君のサービスの善し悪しを査定するから」などと言ったのでは人は動かない。また良いサービスをしろと頼むだけで、資源を与えておかなければ巧くはいかない。サービスは単なる製品そのもの以上のことであり……サービスは素早く即座に反応することであり、時間どおりにやることなのである。

われわれのビジネスはSASのチケットを売ることではなくて、一にも二にも三にも四にも、顧客を取り戻すことである。とことん顧客にサービスすることでそこに到達できるのである。こういうわけで、自分の役割は自信を創造することなのである。

ここでカールソンは、紙を一枚取り出し次のような図を描いた。

彼は「自分の役割は自信を創造することだ」と言い、「どのあたりまで失敗に向かって進むのを受け止める用意ができているかも考える」と私に語りかけた。そして図の中央と左の「失敗への恐れ」の囲みの間に×印をつけた。そして中央と右の「成功の可能性」の囲みとの間の同じ距離のところに○印をつけた。他のリーダーもこうした図を描いてみるのがよい。

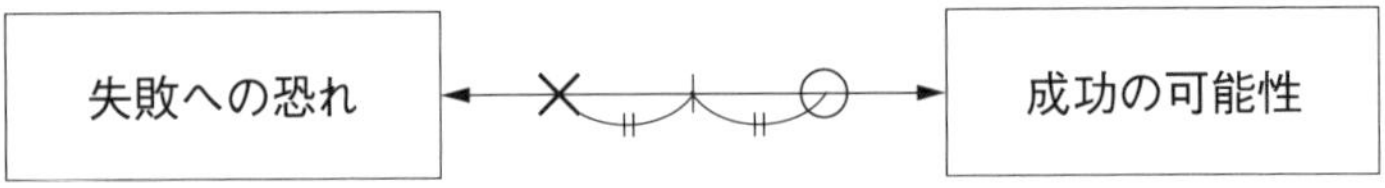

「この◯点と成功との距離はマネジメント効率いかんなのである。ミドル・マネジメントに突破口づくりをするための最も重要な要素は、各人に自信をつけることである。自信をつけさせることができれば、次にスキルと行動の問題に取り組むことができる」と言う。

ジーン・ファイフもこの同じテーマについて考えさせる取り組み方をしている。

ゴールドマン・サックスにいる全員にこう尋ねる。「皆の持つ独自の競争優位性は何か」と。こうした発想で考えることが必要である。チームと組織の目的の達成に貢献するためには、各自の有する優位性を結びつけることが肝心なのだ。

「なぜビジネスをするのか」がビジネスをする人々に対する最も重要な問いかけである。自分に自信を持ち、競争優位性への独自の源泉を理解している人々は、責任をとる準備ができている。ゴールドマン・サックスでは早い時期に責任を委譲をする。四〇歳にならなければ何もできないというのではない。若いアナリストも副社長も依頼客に相対している。

より広い眺望を持って考えられるマネジャーが必要だ。最高のパイロットは飛行機が飛んで行く方向に頭を向けてしっかり見ている人間であり、計器に埋もれている人間ではない。われわれのビジネスにおいては、（マネジャーが訪れた先の）クライアントと専門的な議論ができるだけではなくて、わが社のサービスを利用しうるような他の機会をも探し求めうるだけの自信を持つ必要がある。

最近、（証券アナリストの）専門家が戻ってきて、彼の扱っている会社が特定の部門を売却しようとしているという。彼は「うちが手を貸せるかもしれない」と言った。その担当する狭い役割にのみ拘泥していて、他の領域を探し求める自信がなかったら、そのようなビジネスを手がけることはなかった。必要なのは、起業家的本能であって、クライアントをうんざりさせるような退屈なリスク回避法ではない。

ユニリーバのチームは集団としての自信という問題に関連して次のような経験をしている。チームが、想定される未来の状況と、そこに新しく現われてくる顧客のニーズを述べたところ、ある上級経営者はそれに賛意を示さず、権威主義的に上から押しつけるトーンで反対した。これが、従来若い人々を黙らせてしまったやり方である。しかし若いマネジャーはひるまずに、面と向かって、上司の仮定と意見がどう間違っているかを説明した。グループも一斉に立ち上がってそれを支持した。その後、こうした事例が飽くことなく繰り返された。だれもCEOに一人では対峙することはできなかったが、集団としての自信は、こうしたボトムアップ方式による新しい戦略の開発を可能とした。

対社内的な実務対応型問題と対社外的な戦略対応型問題を区別すること――そのいずれもが技術指向型の仕事と適応指向型の仕事の両方を伴う可能性がある

問題を託すときには、問題の持つ基本的な二種類のカテゴリーを見分け、それに応じてこちらの期待を調整することをしなければならない。

技術的解決策ははっきりと目に見え、理解され、それを実行するためのスキルも難なく手に入る。前にも述べたように、実務対応型の問題を解決するカギとなるのは、戦略を正確に実行することである。他方、適応指向型の仕事では人々が新しいことを学び、古いものを捨て去ることを要求する。しかも、その解決策は明瞭ではない。誰も正確な答えは持っていない。新しい論理を伴うので、仕事と会社に深く根づいている信条と前提を再検討しなくてはならない。

本部がイリノイ州スコーキイにあるオンラインの食料雑貨販売の会社、ピーポッド社の社長兼CEOのアンドリュー・パーキンソンは、インターネット利用の食品販売という従来のやり方とは天と地ほどもかけ離れた世界の中で、古い問題処理法を廃することの難しさを慨嘆している。

前にP&Gにいたパーキンソンは、「知っていたことのすべて」を捨てなければならないと語り、いわば生涯をかけて身につけてきたマネジメント上の習慣をかなぐり捨てなければならなかった。「P&Gにいた何十年間に、論理的でプロセス志向のきちんとした方法で、新製品導入とマーケティングを学んだ。製品（product）、パッケージ（packaging）、価格（price）、販売促進（promotion）の四つのPとさらに、製品テスト（product testing）を伝授され、極めて階層的な構造の中で際限なくテストすることを教えこまれた」

しかしながら、小市場でテストを次第に拡大していくP&Gのやり方などは、サイバー空間に対しては、あたかもくるぶしまであるハイトップのスニーカーにボタンかけで靴紐をしめているようなまだるっこしいものだということがすぐにわかった。ブリック・アンド・モルタル（従来の店舗を通じた）方式で製品を市場に出したり、人々を管理したり、意思決定したりしても、インターネット界では一切通用しない。

一例を挙げるならば、パッケージなんて誰も気にかけない。画面上にある製品情報が何よりも重要であることを、パーキンソンも認めざるをえなかった。「ウェブが要求するより迅速な意思決定と、より迅速な実行に合わせるのには、われわれは多くのことに欠けているのがわかった」

そこでどのような（主として適応指向型の）解決策をパーキンソンは実行したのか。「ビジネスをするに当たって、絶えざる継続的改善型アプローチを学ばなければならなかった」と答え、P&Gで学んだ「完璧主義型のアプローチ」を忘れようとした。前者が良いのは、モデルが「つねに進化している」からである。たとえば、パーキンソンは現在ではピッキング、パッケージング、配送のプロセスが、中央配送センター方式でうまく機能して、三〇〇〇万ドルを売り上げてはいるが、遅かれ早かれビジネスの成長のためには、これも全面的に革新しなければならないとしている。継続的進化は、今日の世界で勝利をうるための方式であり、難しい課題ではあるが、パーキンソンはそれをマスターしていたいと願っている。

部下が戦略にコミットする前に、お互いにコミットしなければならない

コミットメントは戦略に忠誠を誓うための前提条件なので、働く人々がその仲間の社員にどれだけコミットしているかを測るのは重要なことである。問題を託すならば、人々が相互信頼と相互尊敬をきちんと受け入れていることを確かめておかなければならない。共通のゴールに向かうための効果的な協働の前には、この信頼感がなくてはならない。

最近のスピーチの中で、チェース・マンハッタンの前会長兼CEOのウォルター・V・シプレイは、プロ・バスケットボール・チームのボストン・セルティックスの伝説的プレイヤーであるビル・ラッセルに、チームをチャンピオンに導いたものは何かと質問した際のことをこう述べている。ラッセルは、それぞれの選手がチームメートと、その能力と、コーチの指示を信頼することだと答えた。また、成功した大学アメフトのコーチもかつてこう言っている。「一つの鼓動《ハートビート》でプレイしている」

フィードバックは、人々がどのようにお互いに関わっているかを知る上で非常に重要である。「ゴールドマン・サックスではチームがすべてである」とジーン・ファイフは話す。「だから、明けても暮れても一緒に働く同僚の見方を理解することもまた極めて重要である」その理解を促すためにゴールドマン・サックスでは、それぞれの上級経営者が同僚にどのように受けとめられているかを知らせる同僚評価方式を採用している。

チームワークという考え方は組織によっては簡単には納得されないが、フィリップスのヤン・ティマーは、それはリーダーに明らかに責任があると言っている。「チームとして働くことを学ぶ必要があるが、いまや台頭してきている若い人々は、共通のゴールに向かって一緒に働く考え方をたやすく受け入れてくれる。権力とか立場といったものをほとんど考慮に入れない。これらの若い人々は積極的に事態に参加したがる。後ろでそれを抑えているのが上司なのだ」さらに若い人々は、職能、地理的条件、事業体などという境界線をいともたやすく超えてしまう。ティマーによれば、「したがって彼らにより大きな場を与えることを学ぶ必要がある」。

ラリー・ボシディもこのティマーの考え方に間違いなく同意するが、かつてこうした方法で根っこにある問題をこう説明したことがある。「多くの年配の経営者は命じられた課題を十二分に果たすことで昇進してきた。アメリカの会社の階層組織は、才気煥発なローン・レンジャーに昇進の階段を駆け登らせるシステムを育てた」階層のトップになり、片隅のオフィスにひとりでいることがいかに寂しいかについて散々言われているにもかかわらず、多くの経営者はこの方法を好むとボシディは言い、それはシステムが、聡明さとハードワークによって抜きんでることを可能にしてきたからだとする。

ボシディが強調するようにこの手の組織は廃れてきてはいるが、こうした一匹狼型の行動を熱心に真似ようとする部下に魅かれるリーダーがいるのも別段驚きではない。実際上、ボシディはこのようなローン・レンジャーの行動を、「たとえその達成した業績がいかに素晴らしくても」もはや称賛には値しない組織破壊要素だとしてきっぱりとはねつける。アライド・シグナル社では「コミュニケーション、チームワーク、そして顧客満足に取りつかれていることを大事にする」リーダーシップこそが報われる行動なのである。

J&Jのラルフ・ラーセンは、成功に重点を置く「行動志向のバイアスを創りだし」、成長機会とそれを実現するための資金を与えることでこうした野心の達成を助けることが枢要だと述べている。私はラーセンとの話の後、J&Jのマネジャーたちは経営委員会に計画を提出するとき、会社側がせっかくの計画をばらばらにしたり、そのプレゼンテーションのあら探しをするなどということには一切の興味を持っていないと感じるはずだと確信するにいたった。「さらに取引を確実にする……より優れた方法を求めているのだ。……それには話し合いと協力に向けての努力しかない」とラーセンが思っていることに彼らは気付いてくれる。もしティマーが、ボシディが、そしてラーセンが正しいのならば、組織のトップがその伝統的な思考法を変えない限り、社員がより大きな責任を引き受けることを助けるなど、到底無理な相談である。

異なる多様な見解を、問題あるものとしてではなく、価値あるものとして見なすこと

人々の多様な背景と経験は計り知れぬほど貴重なものである。というのも、そこからいろいろ学べるからである。リーダーが問題を課すときには、多様なメンバーからなるチームが新しい計画をよく調べて取り組むようにするべきである。さらに、ジョン・ノードストロームの「聞いて、聞いて、聞きまくる」というアドバイスを生かすこと。異なる経験と認識から生まれてくる別の経営者の様々な見方も認め、「できる限りよく理解し、信頼することがとても重要なのである」。

さらに、開かれた議論を促すこと。「問題を解決したことのない人間でも正しい場合があるというのを納得するのはなかなか困難だった」とラルフ・ラーセンは話す。「そうした人物がどこから来たのか理解するようにする。いったん相手を理解していれば、意見が異なった際でも、『その方法ではやらない』と言えるし、少なくとも口には出なかったことも表に現われて理解が深まる。

ジョン・ノードストロームがそれ以上のことをやってきているのは、ひょっとすると会社が同族会社であるにもかかわらず、すべてのトップ・マネジャーが下からのたたき上げであることに理由があるかもしれない。ノードストロームはこう指摘する。「皆、お互いに何をしているかをよく知っている。たとえバカな真似をしているように見えたとしても。抵抗にあっていても……とにかくやらせておけば、後でたいていの場合は正しかったことに気づく」

人々にリスクをとらせ、間違えたときにもサポートする

ヤン・カールソンは、挑戦し、リスクをとり、責任を背負うよう人々は励まされなければならないと信じている。また、そうやって間違えてしまったときにも、人間というのは、誰でもどこかで必ず間違えるので、リーダーは支援しなければならないと思っている。

問題を引き渡すときには、たとえそれまでの方針に反しようとも、また通例よりもリスクが大きくなろうとも、最高の答えが欲しいことを相手にしっかりと納得してもらうこと。会社がリスク・テイキングを罰し、業績に対して機械的に報いようとするならば、人々は責任を避け続け、最高などとはほど遠い業績が待っている。組織の中に誰がどのように意思決定をしたかを査定するプロセスがあるならば、すべての関係者に、それぞれのスキルと知識にさらに磨きをかける機会が提供されることが最も重要となる。リーダーはまた、問題解決プロセスへの好奇心を促し、現場の人間が自立して思考し行動することに拍車をかけることが大事である。

次の話はマネジャーに支援を与えることの重要性についてのラルフ・ラーセンの言葉である。

この職務で何よりも学んだことの一つは、人々に本当に厳しく当たっていたら、この組織を異常なまでに鈍化させて弱めてしまうということだ。機会などは訪れず、ましてや経営委員会にまで上がってくることもない。上がってきたとしても、叩かれ、質問攻めにあい、バ

カにされ、立往生させられるのを知れば、誰もチャンスなどを上に持っては来ない。

その逆に、自分がスマートだと知ることができ、その良き意図も察知してくれ、事業を成長させたいという皆と同じ目的が理解されるような、違った種類の環境を創造したら……みんなはそれを世界で最高の取引だとは思わないとしても、たくさんの質問を投げかけ、長期的戦略と矛盾していないことを確かめようとする。そうすればその日の終わりには、あなたを何かを成し遂げようとする人間として大変尊敬し、助けたくもなる。それこそ、私が築き上げようとした雰囲気なのだ。

人々は、行き過ぎて、のっぴきならぬところに立ちいたる前に、ブランコから落ちても安全ネットがちゃんと用意してあると感じるようにしなければならない。間違えても許され、そこから学び、組織のために「自己のベスト」を発揮し続けるようにしなければならない。結局のところ、間違いのないところに進歩はないのである。

リミテッド社の創設者で会長兼CEOのレスリー・H・ヴェクスナーもこう言う。「ホームランを打ってもらいたい。しかし、ベーブ・ルースがホームラン王だったとき、実は三振王でもあったことを忘れてはならない」

といっても、結果などを一切考慮せずにいつまでも行き当たりばったりの悪い意思決定をしてもいいなどと言っているのではない。人々が職責を下手に扱ったときにその誤ったサイクルを止めるのはリーダーしかいない。たとえば、リーダーは、責任を負うのを拒否した人々に対して、自分のキャリアを危険にさらしていることを明らかにしなければならない。リーダーは支援することと、命令を守らせることの間にある細い糸の上を歩いているのである。

正しい人間を選ぶ

リーダーが自信をつけさせ、自立をさせ、リスク・テイキングを支援しようとしても、伝統的で保守的な見方という強力な障害物を打破するのはまことに困難である。古くさい階層構造、命令と統制、リスクを避ける環境の残滓は、余りにも多くの組織の中に今もなお温存されている。責任を担うことへの促しもないので誰も責任を担おうとはしない。

その場合には、輸血こそが唯一の解決策となろう。責任体制を組織のあらゆる場で育てるために、ゴールドマン・サックスのジーン・ファイフは歯に衣を着せずこう言う。「無用の長物は一掃する。自分より素晴らしいと思う人間を雇う。訓練しフィードバックを与える。自社の抱く倫理観と価値観がそういう人々の評価と昇進プロセスの核となっていることを確実にする」同じテーマに関して、マッキンゼーのノーマン・サンソンもこう語る。「権限があろうとなかろうと、リードすることができる人間を採用する必要がある。人間が失敗するのは間違った人間を雇うからである。そのうえ困ったことに、一人の弱い人間は四つのプロジェクト・チームの効果を二八%も下げる」

その結果、硬直化した見方や意見が会社の致命的な重荷とならぬよう、熱意ある新人でバランスをとらなくてはならない。変化へのオープンな気持ちと、野心を広げる熱意が、組織における責任の増大への健全な刺激となるのである。これには、リーダーの信用そのものがかかっていることを忘れないように。手遅れにならぬうちに行動を起こそう。

◀◀次の章では……

最終章では、リーダーから寄せられた質問と、私の答えを紹介しよう。

▼第11章　Q&A

ビジネスの一番の本分《ビジネス》は成長である。今日の経済の中で生き残ることは、成長いかんにすべてがかかっている。こうした成長はいわば顧客が引き受けてくれているものなので、正確にはこう言うべきかもしれない。「ビジネスのビジネスは顧客である」すなわち、価値は、製品やサービスの中ではなくて、顧客の中にあるのだ。

したがってリーダーにとっての本当の仕事の一つは、組織を顧客の気まぐれに合わせ、そのニーズを満たすことに熟達することである。しかしながら、新しい顧客を開発し維持する戦いにおいて競争相手をしのぐことは、分を追うごとに厳しくなってきている。リーダーもこのことを十分熟知している。こうした一般的環境下にあるリーダーが、これまで以上に組織が顧客に適切に対応する方法へのアドバイスを求めるのも、驚くには当たらない。私に向けられた質問の多くは、顧客に直接関係したものである。そのすべては、組織を動かして、顧客に最良のサービスをするために組織を動かすことを目的としている。以下は、その中の代表的な質問である。

――顧客に焦点を当てることがビジネスの合言葉に思えるこの時代なのに、なぜこの分野で大きな成果を上げる者が比較的少ないのか。

顧客と顧客データを組織の核心部分へと正確に注入することを会社ができないことに関係があるのではないか。確かに、リーダーは顧客把握が大事だと語り、顧客と市場を理解しようとしているのではないか。確かに、リーダーは顧客把握が大事だと語り、顧客と市場を理解しようとして何百万ドルもの金を費やすが、顧客が真に重視するものを実のところマネジメントが重要視していない。すなわち、マネジメントが重視しているのは顧客ではなくて、内部の財務上のガイドラインであって、それが従前どおりに資源配分プロセスを動かしているからだ。

顧客調査はたいていの場合、購買決定要因と、なぜ顧客が競争相手に移るかについては、かなり明確に示してはくれる。しかし、マネジメントはこの情報を「非常に重要」とはせずに、単に「興味深い」程度のものとして扱い、管理上の基本に関する重要な意思決定には用いない。テレコミュニケーション業界を例にとってみよう。顧客データは異なるレベルでのサービスを要求していることを示している。ある顧客は三〇秒以内のサービスを必要とし、また三〇分以内、さらに二四時間以内を要求する人もいる。一般的に、テレコム企業のサービス対応までの時間はおよそ一～八時間で、何分以内でなどとは明記されておらず、つまり、個々の顧客の要求に対してはほとんど取り組んでいない。加えて、サービス・エンジニアに課せられているのは、顧客が必要なときにサービスが利用できているかどうかをチェックすることではなくて、予備パーツの使用をコントロールすることなどである。

顧客は社員の態度がいかに重要かを語りかけている。それなのに、〝親切〟担当副社長とか顧客対応担当部長などには会ったためしがない。販売スタッフと管理スタッフは、顧客の関心事に少しも合致していないような社内的基準によって評価され給料をもらっている。たとえば、請求担当部門は、どれだけ未払いになっているかについては注意を払うが、料金滞納の理由などについては一顧だにしない。だから、顧客の方は、会社のスタッフは訓練などを受けているのは、短期的な問題を真剣に解決するのに本当に役立てるためでなくて、「ニコニコしながら自分らの首をきつく締める」ためだとすら考える。

こうしたことのすべては会社の長期的健全性に対してどういう意味をもつのか。それは、会社の成長を重視することに大真面目に取り組むリーダーは、そのためのプロセスを進める人々に単にリップサービス以上のことをしなければいけないということである。顧客が提供するフィードバックと、組織内での資源の配分との間の乖離を修復すべき時なのである。

英国の情報技術プロバイダーのICL社の前会長で、ブリティッシュ・テレコムの現CEOであるピーター・ボンフィールド卿は、ズバリこう喝破する。「もし顧客への対応に本当に熱心だと言うならば、顧客にきちんと反応する人に金を払え」と。ICLで用いた方法に触れつつ、ボンフィールドはこう続ける。「マネジャーのボーナスの一五％は、顧客サービス度を測って、それにより支払われる。二〇％は企業損益による。顧客満足の基盤をまず明確に定めて、改善度を外部機関に測ってもらう。もし顧客満足度が改善されていなかったら、マネジャーはこの部分に関しては現金はもらえず、ジッポーのライターをもらうだけである」

――顧客への対応について領域での会社の実績を測定する正しい手段や基準はどうやって見つければよいのか。また、長期的業績向上のためには、そうしたツールをどう使ったらよいのか。

これは難しい質問である、というのも多くのよく知られている測定法や基準は、適応的変化よりも統制に力点を置いているからである。変化している環境下で、何を、そしていかに測るかには不確かなものがたくさんある。ロンドン地下鉄のデニス・タニクリフは、「測っていないからといって……存在しないということにはならない」という事実を正しく指摘している。デニスはこう確信している。「見当違いなものを測定してしまうのは、それは測るのが簡単だからであり、多くの重要な事柄を測定しないのは、摑みどころがなかったり測るのが難しかったりするからである」

デニスはたとえば、職場においてマネジメント側は優れた社員環境を創造すべきことを誰でも知っているとする。だから給料と利益を尺度に測定すれば、うまくいっているかどうかがわかる。にもかかわらず、社員は今なお職場では必ずしも幸せとはいえない。明らかに、こうした「不幸度」を測定するべきなのだが、会社としてはそのノウハウが分からない。企業の最終成果（ボトムライン）とは、デニスによれば、「部分の蓄積からなるものではない」。タニクリフはこう言う。しかし「毎日のマネジャーの仕事にとって、個々の部分を積み上げることが無意味だとは言えない」

まさにその通りである。

だからヴァージン・アトランティック航空のマネジング・ディレクターのシド・ペニングトンはこう言っている。「ロンドン株式市場では短期的利益で頭が一杯である。そしてそれがすべての成功の測定を左右している。そこで成功をもっと違った尺度で測ろうということになった」シドは、上司であるヴァージン・グループの創設者で会長のリチャード・ブランソンに、成功の度合を別のやり方で測るように進言している。「会長はヴァージン航空が年間最優秀航空会社になることや、満足した顧客からの手紙を公表することをむしろ喜ぶ。……この方が利益よりも重要なのである。しかもこうしたことが利益につながるものと信じている」

ブランソンのこうした哲学には、著名な執筆家で人間行動の講義もするアルフィ・コーンも同感して、こう主張する。「報酬のために何かをするときは、実際していることには興味を示さなくなる傾向がある。退屈な手間仕事のようなものになってしまい、小銭を稼ぐことや、Aの成績をとることや、おまけのデザートを得ようと要領よくやるのと同じになりがちである」コーンの思考の中核にあって、最も議論を巻き起こしていることは、物質的な報酬は大した動機づけにはならないのみか、好奇心とか自尊心という人間としての自然な動機まで毒してしまうという主張である。

むろん、会社が報酬を廃止することなどはない。社員の個人的な満足感はその業績向上に必須のものだとはいえ、人間は金を稼ぐ必要がある。ビジネスができることであり、またしなければならないのは、まずリーダーから始めて、組織の「精神構造」をひっくり返すことである。ここに実に私が言わんとしているエッセンスがある。多くの組織は戦略と目的から始め、内的な基準を基盤としてマネジメント・システムと組織構造とビジネス・プロセスを構築する。しかし、顧客優先から始めるというように、会社はこうしたプロセスを逆転させなければならない。そして、基準、測定、報酬、プロセス、配分、マネジメント・システムなどというインフラの各側面を顧客優先の理念によって動機づけなければならない。ひとたび顧客が意思決定における最重要事項になると、会社はすべての要素を正しい位置に整合化して再編成する機会が得られる。

――実務レベルでもリーダーは、顧客のニーズに合わせることを社員に教えられるか。

完全にはできない。改善のための特定の活動やプロセスを目標とさせたり、そのための行動に磨きをかけることはできる。だがまず第一に適切な人間を雇っていなければ、この領域では、すべては無駄に終わる。フィリップス・エレクトロニクスのヤン・ティマーは、顧客反応は心の状態であると言っている。今はなきイースタン航空の悲劇と、成功を満喫しているデルタ航空とを比べてみれば、このことはよくわかるはずだと言う。

顧客を大事にしなかったからイースタン航空には、決してチャンスは訪れなかった。顧客を家畜のように取り扱ったのだ。もちろん、スタッフも客がそのように扱われていると感じてはいたのだが、それはさして問題にはならなかった。私の知る旅行客はすべて、とにかくイースタンを避けていた。

他方、デルタのやり方は、尊敬を社会の真ん中におく米国南部の伝統に根ざしている。デルタは、親しみやすく良心的で丁寧な人々が住んでいるところから人員を集めた。顧客を人間として扱うか否かで違いが生まれた。次の便で私がイースタンを避けデルタを選ぶのは、いわば、同じ理由の裏表なのである。すなわち、そこで働く人間によって決まるのである。

ティマーの経験は、トム・ピーターズがかつて話してくれたコネチカット州の食料雑貨業者、スチュー・レオナードの話を思い起こさせる。店でとある一日を過ごした後で、トムはスチューに、どうやってこんなに接客態度が良くなるように訓練をしているのかと尋ねた。「良くなるようには訓練していないよ」とスチューは答えた。「元々素質の良い人間を雇っているだけのこと。そしてレジが使えるように訓練しているだけ」

——若くて相対的に経験の少ないリーダーに、顧客を重視させるプロセスとしては何があるか。

何が自分を顧客に向かわせ、また顧客から遠ざけるかをまず確定しよう。リーダーの心の枠組みも、また、広く組織全体としても、次のように信じていなければならない。顧客にその要求するところとニーズを決めさせること。第一線の人間に「それを阻むもの」（そうした顧客の要求を満たそうとする試みを妨げたり失敗させたりする要素）を確認させること。マネジメントにそうした要素を取り除かせることによって現場の人間を支援すること。どのプロセスを続け、どのプロセスを止める必要があるかを決めるために、マネジメント側は顧客と、現場の人間の声に耳を傾けること。

第一に、販売、サービス、事務管理部門の人々や、研究開発、製造、流通からのグループなど、会社内の様々な部門の現場の人々のグループに会う。マネジメント側は自分たちに何を達成してほしいと思っていると思うか尋ねる。それを一心不乱に聴く。そうした見解が会社のビジョンやアンビションを反映しているかどうか見る。もし違っていたら、アンビションを再考する。そうしたアンビションは信用に足るものか。明快で単純なものであるか。組織で働く普通の人々が理解しうるように話すことができるものなのか。

次に、現在追求している会社の諸計画のどれが、アンビションを達成するのにプラスになるかをよく考える。より多くの時間とエネルギーが最高の重要課題に傾注されるようにするには、今、何を捨てるべきかを決める。「これは止めよう」提案箱などを創ってみるのもよい。フィードバックをしてもらい、オープン・マインドを保ち、「聖牛や聖域（いつも慎重に扱われてタブーとなっているところ）」を設けない。たとえば、財務的コントロールのためには多くの人間が必要だなどという主張を正当化しようとする誘惑には抵抗する。リーダーとチームが現場に要求した情報の一つひとつのすべてをとっておこうなどと律儀には考えない。それぞれの活動、プロセス、新構想のコストを計算するための方式を開発する。顧客へどれだけ還元しているかという基準も用いる。もし還元していないのならば、ただちに止める。顧客が喜んで金を払わないものを、なぜ会社が売らなくてはならないのか。

顧客への還元を測定する面白い方法としては、いくつかの本部主導の新構想を通じて、どれだけ顧客を得ているかを想像してみるのがよい。顧客にどれならば喜んで金を払うかを尋ねる。それから、どの構想ならば意味があるか、また付加価値のある製品やサービスを提供する能力の改善の可能性に関しても顧客と相談することを想像してみる。顧客の目を通して、コンピュータ化された請求システム、財務コントロール、マネジメント・システムなどを見直す。人間と資本を条件にしたそれぞれのプロセスのコストを算出する。顧客はそれに価値を見いだすであろうか。

ここでのポイントは、給料を払ってくれるのは顧客だということをハッキリと認識することなのである。顧客の要求を満たす活動と、現場でその邪魔をする要因を取り除く活動だけを、引き受けようと考えること。いずれのカテゴリーにも分類されえない計画はやめると誓うこと。冷酷に容赦なくやめてしまうこと！　組織の未来がそこにかかっているのだから。

経営陣はこの顧客のすべてに焦点を合わせることを共有していなければならない。チーム・メンバーのこともよく考えて、こう自問自答する。チームは正しいスキルを持ち合わせているか。メンバーのマネジメント・スタイルは自分が創造しようとしている文化にかなっているか。メンバーたちはチーム・プレイヤーか。組織の中のチームワークの質の改良方法を考え出し、それをリーダーとそのチームから始めてみる。最後は、一歩も退かず勇敢たれ。多くの人々は変化を恐れている。リーダーの役割の重要な一面は、会社がより顧客に敏感に反応するようにし、自分が変革へのエージェントになることである。もし革新を拒否する人間がアイデアを殺すのを許したら、リーダーはそれとともに死んでしまう。なぜなら、そこには導くべき者がいなくなるからだ。

——どうすればリーダーは自分が「正しい」トップチームを有していると確信できるか。

まず第一に、コミットしているチームを持つことが成功への前提条件である。ということは、ビジョン、戦略、ビジネス目的などに対するトップチームの肩入れとコミットメントなしに、問題解決への新構想に踏み込むいかなる危険も冒してはならない。マネジメント・チームが要求する能力についても考えてみる。各個人が変化に向けての準備ができているかどうか、アンビションを実現するために一緒に働く能力があるかどうかを適切に評価する。

とりわけ、個々の強味と弱味を尋ねる。それぞれの人間を駆り立て動機付けるものは何か、また計画を妨げると思われる行動は何かをよく認識する。いかに効果的に個人がトップ・チームと働いているかに関するフィードバックをやりとりすること。要求されたときはいつでも非公式な形で、また公式には六カ月の人事考課をする手続きも構築しておく。チームづくりというテーマには十分な時間をかけ、新構想に反対する者や、変化できない、変化したくない幹部を代えることを躊躇してはならない。そういう連中はチームの決定を破壊するからだ。

新たな志願者を選抜するときの最も重要な判断基準はチームワークである。スタンフォード大学のあるエンジニアはヒューレット・パッカードでの面接で、エンジニアリング・スキルやそれまでの業績について、何一つ尋ねられなかったことに驚いていた。すべての焦点はチームで仕事をする能力に置かれていた。HPの経営者はその理由をこう説明する。インタビュアーは必要なエンジニアリングのスキルを持っていることは当然のこととしている。もし持っていなかったら、最初の審査でふるい落とされ、そもそも面接に来れなかったはずだ。HPの経営者によれば、若い人がHPに加わりたいのならば、「次の二五年間をチームで働くことに費やすことになる。だからチームで働けなければ、そのエンジニアリング・スキルを活かすことはできない」という。HPは「皆が第一に選ぶ会社」という贅沢な名声を満喫している。会長のルー・プラットは言う。「ビジネス・スクールや、エンジニアリング系の大学や大学院に行けば、多くの調査においてHPが人気企業のトップかトップに近いことがわかる。お陰でたくさんの優秀な人間に接触できる。労働移動率は業界平均の三分の一ないし四分の一だ。……大変自由に人が選べる。新人の採用や新しい仲間を連れてくることに何ら苦労しなくて済むのがどんなにありがたいことか」

変化がもたらす難問をチームが理解するのを助けることに、できる限り時間を費やし、親密さと信頼感を創造しなくてはならない。そしてチーム・メンバーを個人的にも知るようにする。それは、各個人やグループと社外でお付き合いするのみでなく、社内でも決められた時だけでなくて自由に交流する時間を設けておくことが大事である。

適応的変化の筋道をマネジするリーダーは、チーム・メンバー間のコミットメントとリーダーのアンビションへのコミットメントに対して、また逆にその欠如に対しても、自分自身に冷酷なまでに正直でなければならない。英国の小売業のシアーズ社のCEOのリアム・ストロングは、「巨大な敵は過去へのプライドである」ということを教えてくれた。しばしば、人々は変化したがるが、いまだ変化できないでいる。リーダーの信用は、効果的なチームを築く能力にかかっており、そして、ストロングが指摘するように、それには時間をかけることが不可欠なのだ。

リーダーの仕事の成果は、部下がビジネス上の業績、財務上の成果、リニューアル、適応的変化をどれだけ向上させうるかに依存している。部下たちは経営陣が効果的かどうか、しかるべき反応をするかどうかをよく知っているのだ。

――適応的変化よりも先にしなければならない学習と脱学習を、いかにしてリーダーは進めればよいのか。

ここでカギとなるのは、他人の身になり、他人の立場に立ってみることである。一般社員がどのようにその職務にアプローチしているかを考える。みんな社内での基本的ルールと、行動と業績に対する一定の期待という枠組みの中で仕事をしている。これらのルールと期待は、全員が自分自身をその職の専門家と見なせるようにという観点からつくりあげられてきた。もし社員がその仕事をするのにより良い方法があると思っているなら、すでにそれを採用しているはずである。リーダーは、社員たちが正しい方法だと思い込んでいることを脱学習させるのに時間を割いて、彼らが自分の頭と心で新しいやり方について考えられるようにしなければならない。

リーダーとトップ・チームが、人々がリーダーのアイデアに関して新しい洞察力を得て、新しい方法で思考し、働くことを動機づけるようなコンテキストを設定したとき、脱学習ははじまる。リーダーがその大目的を詳しく述べ、組織が辿ってきた道と行き着きたい場所を示している間、組織の胴体部分である社員たちが、リーダーとともに旅をしているのだと感じているのならば、彼らもまたトップ層と似たような結論を描き出す。リーダーはこの道のりが過去に通ってきたものといかに異なるかを指摘し、新しい方向が各人の責任領域の中で意味するものを詳細に述べることが望ましい。このようにして、リーダーは組織が何を学習すべきか、どのように学習のプロセスを始められるかを明確にする。ランク・ゼロックスのバーナード・フールニエはこう言う。

「いかに学ぶかを学ばなくてはならない」

にもかかわらず、戦略の策定には多くの時間を費やす経営者が、それを効果的に実行するのにどんな知識が必要かを正確に見定めるのに十分な時間をとらないことが問題なのである。何を、なぜすべきなのかに関して、自分自身の見方や意見を持っている人々を、強引に自分の思うところへ方向づけしようと早く進みすぎてしまうことによって、問題がこんがらがってしまう。もちろん、コミュニケーションについては、早くから上手にスタートさせるのがベストである。それによって、その後のコミュニケーションがバラバラになって、導入プロセスに混乱をきたすのを防ぐことができる。

――適応的変化の最中にある会社で、ストレスと悩みを予防するためにリーダーは何をすべきか。

何もしようとしないほうがよい。現実的には一定の量の悩みが、変化への前提条件であることをよく呑み込んでおくことが重要である。直感には反するかもしれないが、ストレスが生む問題を解決しようと働かせる一定量の不均衡を、なくすのではなくてむしろ維持することこそ、リーダーの仕事なのだ。その本質上リーダーは、変化をマネジする際に欠かせないつらい仕事を社員が避けようとする心理的メカニズムを、先手を打って封じておかねばならない。同時にリーダーは、組織内のグループが解決策を見つける責任を受け入れられるような条件も整えておかねばならない。

それは不本意でも進まなければならないことを意味する。答えを欲しがる働く人々の期待を満たすのではなく、リーダーは質問だけを出す。対立や葛藤を鎮める代わりに、リーダーはむしろそれを起こす。規範を維持する代わりに、それに挑ませる。人々を現在の役割に慣らすよりはむしろ、新しい役割と新しい関係を切り拓くためにあえてそうはしない。要するに、リーダーは社員たちを守りたいという衝動に抵抗して、脅威を克服する努力の下でも人々が力を合わせられるように、外部の脅威を経験させることをむしろ許す。人々が適応的変化を遂行するのを助けられるか否かが、真のリーダーシップと単なる権限との違いを生むのだ。

もちろん、実人生は流動的なので、リーダーは問題の厳しさや、組織の復元力、問題の成熟度いかんによって、対応方法を調整しなくてはならない。悩みによって、人々を麻痺状態にまで陥らせてはならないのである。

——組織の全階層でリーダーを育て上げるにはどうしたらよいか。

各人の仕事に全力を投入させることと、各人が問題を見定め、磨きをかけ、解決する機会を与えることによってである。しばしばやりすぎてしまうのは、脅威が現われたとき、またリーダーが飛び込んで行って助け舟を出してしまうことである。むろん、社員は、日々の仕事の中でコンプレックスや挫折を経験しているので、支援とガイダンスを欲している。また複雑で解決不可能に思える問題への答えも望んでいる。秩序と安全を提供してくれる構造を渇望しているのだ。

リーダーが社員のこうした非現実的な要求や救世主到来への願望に屈してしまうと、社員が現実に自分自身の問題を解決するスキルを養う重要な機会を否定してしまうことになるのだ。また、リーダーとしての特質を身につけるチャンスも逸してしまう。組織の中に意思決定をするための権限を広く配分することによって、リーダーは、次世代のリーダーに、適応化対策という大事な考え方を高度に理解させるプロセスを促進する。ここでぜひ思い出してほしい。リーダーの役割はすべての仕事をすることではなくて、挑戦すべき重要課題の枠組みを定め、スピードをもったビジネスの成長を可能にする状態を創造することなのである。

▼エピローグ　リーダーが与えうる付加価値とは

私はよくクライアントの経営幹部に、今日（ここ数年なされた仕事を意味するが）と、今から五年後に、人々はあなたがたの何に感謝すべきかと尋ねてみる。私はこうした質問を投げかけるのは、他の人々に本当に大事な問題点を明確にすべき職責を負っている人々に、一番肝心な原点を考え直して欲しいからである。

すなわち、具体的な設問としては、「もし私が販売員や組み立てラインで働く人々を来週の火曜日に招いて、あなたや経営チームに対してありがとうを言う二〇分か三〇分の時間を与えるとしたら、その人々は何に感謝すると思いますか」というようなものである。少しばつの悪い思いをしたり、この質問に閉口して押し黙ってしまったリーダーもいるが、その答えを明確にそして即座に話せたリーダーもいる。

たとえば、英国ＩＢＭの経営者たちは、同社が親会社の五〇億ドルの損失の五分の一の責任をかぶった後なので、「ありがとうなんてとんでもない」と言っていた。こうした反応は一、二層下のマネジャーの場合でもあたかも鏡に映したかのように同じであり、リーダー層の業績の悪い状況では珍しくない。

他方、ラルフ・ラーセンは、成長に目を向けさせたこと、行動重視の考え方をつくり出したこと、ヘルス・ケア産業で大事な仕事ができる環境を創り出したことに、J&Jの人々は感謝すべきであるとはっきりと述べる。そして部下もその点に同意している。

方向性を与え、組織内の人々がなりうる最高のものになり、過去に縛られるよりはむしろ未来へと進むことができるようにするのが、リーダーの真の仕事の一つなのである。

この「ありがとう」の質問は、リーダーと経営チームが加えた全体としての価値を、別の方法で尋ねたものでもある。ここで付加価値としているものは、いわば、本来トップ層が行うべき〝閣僚レベル〟での責任を要求する問題について集団で行動しうるチーム能力であり、ちょうどそれはゴールドマン・サックスのジーン・ファイフが「特別な場所」と呼んだもの、すなわち、人々が仕事をしたくなり、貢献したくなり、達成したくなる場をつくるチーム能力と同じものなのである。

ここでおそらくレオ・トルストイの『アンナ・カレーニナ』の最初の言葉を思い起こすだろう。「すべての幸せな家族はお互いに似ているが、すべての不幸な家族はそれぞれ別なあり方でもって不幸なのである」会社も同じようなものである。つまずいた会社の苦しみ方は、それぞれ独特でバラバラだが、成功の方は、不思議なことによく似ている。万華鏡のような時代において鮮やかに機能している会社、その道を見失うことなく適応し成長し続ける会社は、共通の特性をもつ傾向にある。

野心《アンビション》を達成する会社は、つねに権限とか権力よりもリーダーシップに価値を見いだす人々によって経営されている。権限とは、特定の方法で行動するよう個人に命令する露骨な力を意味する。権限は一般的には制限された結果しか生まない。他方、リーダーシップは、多様な人々に一緒により大きなことをするように奨励し、特に会社の適応化対策についての集団としての知恵に焦点を絞って考え抜く、まことにチャレンジングで高度な能力である。

リーダーシップ行動を遂行することは、組織のどのレベルにおいても難しいものであり、下記の事柄がすべてとはいわないが含まれている。アンビションを一層広げて年間計画もきちんとこなす。生産性を向上させ、同時に革新力をも強める。多くの人々が速すぎると感じるほど変化のペースが加速化している中でも、仕事に従事している人々が自分の仕事に専念できるように保証する。行動を導く価値観を確立しつつも、その反対の価値の存在も十分容認する。こうした責任はすべてのリーダーにパラドックスをもたらすとともに、まことに気骨の折れるつらい仕事でもある。

集団として問題を解決し、未来への道筋を学ぶときは、断固としてめげずに、アンビションへの焦点を合わせ続け、次のリーダーシップ層が挑戦しうる枠組みづくりをし、部下を重要な価値ある資源として用いることが真のリーダーシップのエッセンスなのである。決断力をもって、すべてを問い直す力を発見しよう。

訳者あとがき

今日ほど、経済や経営の分野のみでなくて、政治の場も含めて真のリーダーシップである統率力や指導性のあり方が問われている時はないといえよう。

それは、とりも直さず日本社会が政治・経済ともに、大きな変革期の只中に投げ込まれたことを意味する。従来の延長線上で、社会や組織や企業の舵取りをしていることが許されなくなったということである。

二十一世紀を迎えたにもかかわらず、依然としてバブル期の後遺症を直しえず、さらに情報化・グローバル化によるメガコンペティションという大きな地殻変動への対処においても、ともに立遅れていることが、新しい指導力待望への声となって高まってきているといえよう。

領域を経済や経営に限定してみると、これまでのリーダーシップの考え方や技術は、中国古典や日本古来の統率力論はさておき、主としてアメリカ経営学の流れを汲むものが大半を占めていたといえる。

しかし、万事、資本と利益の論理のみを絶対視して、人間に対してはさして考慮を払うことがなかった米国流の組織の運営やリーダーシップには、限界がきていることが次第に露呈されてきた。また、人間を重視する日本の組織において、情け容赦なく馘首してやまないアメリカ流の雇用調整では十分機能しないことも漸次判明し、直訳型の実力主義一辺倒をいったんは入れたところも、このところ富士通その他で見られるように、軌道修正がしきりと行われている。また日経連会長でトヨタの社長である奥田碩氏からは、人員整理のみで会社を立ち直そうという経営者は邪道だという発言すら飛び出してきている。

こうした時に、アメリカとは一線を画しつつ、しかし産業民主主義の旗印のもと、労働の人間化をつねに考えつつ、苦難に満ちた企業の再編成と大変革を遂げEUを再び活性化させんとしているヨーロッパの企業は、米国でIT化やニュー・エコノミーのメッキがはげているのに対比して、そのしたたかさが話題になってきている。そして、さらに二十一世紀の企業としても地道に手を打っているヨーロッパのリーダーシップがにわかに注目されはじめている。

さて、本書の特色をまず、まとめて示すならば、

(1)ヨーロッパの企業革新機会のインサイド・ストーリーであり、
(2)トップが本音で企業運営の苦悩と喜びを語り、
(3)成熟した戦略をどう過去から離脱させるかの再生物語であり、
(4)理念と現実の乖離をどう克服するかの実践記録であり、
(5)トップダウンからボトムアップへのシフトの実録であり、

(6) そして、「アンバランスを内蔵しておけ」「目をつぶる時は口出しするな」などの至言に凝縮されているような〝大人のトップ経営〟の本であり、仕事のしかた、させ方の奥義を伝える指南書でもある。

これまでも、イギリスのJ・アデアやC・ハンディ、フランスのB・オーブレーの労作に見られるように、人間を軸としてひたと見据えた上での組織改革と国際的競争力づくりのためのリーダーシップ論を展開してきた人もわずかではあるが、日本にも紹介されてきた。

今回、ここにお届けするのは、ヨーロッパを中心に組織変革の経営コンサルタントとしてとみに着目されているドナルド・L・ローリーの組織活性化の実践物語であり、数多くの欧米企業に密着しての成功指導例と、それに裏打ちされた企業改革ガイドブックである。

ブリティッシュ・エアウェイズ、ユニリーバ、スカンジナビア航空、ヴァージン・グループをはじめ、ゼロックス、ウォルマートなどのトップのアドバイザーとして欧米組織の起死回生を図り、大型企業蘇生の影にはその人ありと一部では知られていたローリーが、そのすべての手の内を公けにしたステップ・バイ・ステップで組織を立ち直らせるガイドブックである。

多くの企業が大なたを振ったり、身売りを余儀なくされたり、外国のトップに後始末を任せたりしており、しかも、また日本企業ではウミを出し切っていない今日、この実体験に裏打ちされつつも、丹念に組織を更正させて道筋を明らかに示した本書はきっとお役に立つものと信ずる。

また、近く「ビジネス・リカバリー(再生)学会(仮称)」の発足も唱えられ、多くのコンサルタント会社や監査系ファームが、企業再生を新しい活躍の場としつつあるとき、社内に残る人もまた、自らの所有する組織を何とかギア・チェンジすることを悲願としている人にも、この本は得がたい助言をしてくれる。

このような方々に、また折角立ち上げたベンチャーが新段階に脱皮しえないために躍起になってマネジメント・リーダーシップの革新を心がけている人にも、きっと目からウロコが落ちるように納得できるのがこの本である。

ただし、原著者も口を酸っぱくして述べているように、企業の革新は一片のバンソーコーや、急ごしらえの彌縫策や、上べだけのスローガンでは決して成就しうるものではない。

本書がくどいように諄々と説く道筋を、一歩一歩着実に踏み固めていくことによってはじめて達成しうるものである。

とくに本書の中心概念である革新適応対策と技術的対策の峻別、様々の抵抗や矛盾を克服するには、やはり、時間との勝負になることも十分承知しておかねばならない。

また、この本の底に一貫して流れている基本的な発想、すなわち、あれかこれかの二者択一ではなくて、長期的な視点に立っての矛盾や対立のバランシングと超克をなしとげなければ本当の企業再浮上はもたらされない。

その意味でこの本のアプローチは、成熟した欧州の知恵として、近年とみにその重要性が認識されはじめた「パラドックス・マネジメント」の実践書であるともいえる（「パラドックス・マネジメントの詳細については、同じく早川書房刊のリチャード・ファースンの『パラドックス系マネジャーがビジネスを変える！』を参考にして下さい）。

原著も著者の地味な実践家としての気風を反映して地道な積み重ね型の記述であり、キーワードや表現方式も地についたトーンの反復である面が少なくない。訳文は読み易さを心掛けてはいるが、着実に著者の道筋を辿れば、決してギンギラギンではないが、いぶし銀のようなこの貴重なケースブックから、底光りのする手堅い長期的成功が手に入ることが疑いのないところである。

なお、本書は原著の全訳であるが、表現や措辞について、日本の読者の方々のために一部簡略化したり、補ったりしたところもあることをご了解いただきたい。

また誤った解釈もないよう十分心したつもりであるが、大方の叱正を是非乞いたい。

本書の成立には早川書房の小都一郎氏、下訳を担当した弊事務所のトランスレーター小林豊氏の並々ならぬ努力に負うところが多い。ここに厚く感謝の意を表したい。

できる上司《じょうし》の仕事《しごと》はここが違《ちが》う!
経営の現場に学ぶ実践リーダーシップ
2001年6月20日　初版印刷
2001年6月30日　初版発行
*
著　者　ドナルド・L・ローリー
訳　者　小《こ》　林《ばやし》　薫《かおる》
発行者　早　川　浩
*
印刷所　精文堂印刷株式会社
製本所　大口製本印刷株式会社
*
発行所　株式会社　早川書房
東京都千代田区神田多町2－2
電話　03-3252-3111(大代表)
振替　00160-3-47799
http://www.hayakawa-online.co.jp
定価はカバーに表示してあります
ISBN4-15-208355-7 C0034
Printed and bound in Japan
〈検印廃止〉
乱丁・落丁本は小社制作部宛お送り下さい。
送料小社負担にてお取りかえいたします。

ハヤカワ・ノンフィクション

なぜこの店で買ってしまうのか

——ショッピングの科学

WHY WE BUY
The Science of Shopping

パコ・アンダーヒル
鈴木主税訳

46判上製

「買いゴコロ」をくすぐる、「売りゴコロ」の秘訣。

顧客の行動パターンを分析し、売れる店づくりの秘訣を明かす。スターバックス、シティバンク、マクドナルド、GAPなど数々のクライアントを小売業界の第一線へと導いた究極のノウハウ「ショッピングの科学」を大公開！